SAUNDERS LEWIS

CYMRU FYDD

Christopher Davies

Argraffiad Cyntaf 1967
Ail Argraffiad 1976
Trydydd Argraffiad 1983
Pedwerydd Argraffiad 1991

Cyhoeddwyd gan
Christopher Davies (Cyhoeddwyr) Cyf.,
Blwch Post 403, Sgeti,
Abertawe, SA2 9BE.

ISBN 0 7154 0317 6

*Argraffwyd gan
Wasg Dinefwr,
Heol Rawlings,
Llandybïe, Dyfed.*

CYMRU FYDD.

Y Cymeriadau.

Y Parchedig John Rhys.
Dora, ei wraig.
Dewi, eu mab.
Bet Edward.
Y Cwnstabl Jones.
Inspector Evans.
Dau blismon arall.

Llwyfannwyd y ddrama am y tro cyntaf yn Eisteddfod Genedl-aethol y Bala, Awst 7 ac 8, 1967, gyda'r actorion hyn:

John Rhys	—	Conrad Evans
Dora	—	Emily Davies
Dewi	—	John Hughes
Bet	—	Lisabeth Miles
Jones	—	Peter Gruffydd
Evans	—	Ieuan Rhys Williams

dan gyfarwyddyd
Wilbert Lloyd Roberts.

RHAGAIR

Comisiwn gan Bwyllgor Eisteddfod Genedlaethol y Bala fu achlysur cyfansoddi'r ddrama hon. Diolchaf i'r Pwyllgor am yr anrhydedd ac am eu tâl haelionnus a diolchaf i'r Ysgrifennydd Cyffredinol, Mr. John Roberts, am garedigrwydd. Gorffennwyd sgrifennu'r ddrama yn gynnar yn 1966. Y pryd hynny yr oedd rhai digwyddiadau y cyfeirir atynt yn y ddrama eto'n fyw yn y cof.

Dyma'r drydedd o dair drama gennyf sy'n trafod materion neu fywyd cyfoes yng Nghymru, sef *Excelsior, Problemau Prifysgol, Cymru Fydd*. Am resymau sy'n weddol hysbus ni chafodd y gyntaf ei dangos ond unwaith ar y sgrin deledu. Y mae cyfraith athrod Lloegr yn lladd dychan ac yn llesteirio beirniadaeth. Da y dywedodd Mr. Cecil King, pennaeth cwmni cyhoeddi pwysig yn Llundain, na allasai Charles Dickens gyhoeddi nemor un o'i nofelau enwocaf pe buasai'r gyfraith bresennol yn bod yn ei oes ef. Am yr ail ddrama ni fynnai neb mohoni; nis llwyfannwyd, nis teledwyd, nis cyhoeddwyd, druan fach. A hynny, yn ôl llawer beirniad, a ddylasai fod yn dynged *Cymru Fydd*. Ond i mi y maent yn driawd, a'u cyhoeddi gyda'i gilydd fyddai fy nymuniad petai'n ymarferol.

Cefais y fantais o ddiwygio'r ddrama hon yn ystod tridiau o baratoi ac ymarfer a gweithio da yn y Felinheli gydag actorion a chynhyrchydd y Cwmni Theatr Cymraeg. Y mae Mr. Wilbert Lloyd Roberts a phob un o'r actorion wedi helpu i wella rhyw ran o'r dialog neu ddywediad neu frawddeg neu weithred. Dyna'r math o gydweithio sydd wrth fodd calon dramaydd. Mi dybiaf y bydd enghraifft yn ddiddorol. Yn yr ymddiddan rhwng y gweinidog a'i wraig ar gychwyn y drydedd act yr oedd y gweinidog yn y testun gwreiddiol yn dweud wrthi hi am a ddigwyddodd yn yr ail act, sef dyfod y plismon i'r tŷ fel na bu ond y dim rhyngddo a dal ei brae. Dangosodd Mrs. Emily Davies a Mr. Conrad Evans imi fod y gynulleidfa wedi gweld hynny oll a bod yr ail-adrodd yn torri ar rediad y ddrama ac yn gosod tasg amhosib i'r ddau actor. Derbyniais hynny ar unwaith a mynd ati y noson honno i ail-sgrifennu tudalen cyfan. Credaf fod yr act yn well o'r herwydd.

Er hynny oll, myfi wrth gwrs a myfi'n unig sy'n gyfrifol am bob gwendid a bai sy'n aros. Man cychwyn y ddrama oedd darllen hanes mewn papur newydd Saesneg am fam weddw ganol oed a gawsai dri mis o garchar yn gosb greulon am iddi guddio ei hunig fab a oedd wedi dianc o garchar. Trosglwyddais innau'r sefyllfa i amgylchiadau a chymdeithas yr wyf yn perthyn iddynt, a daeth gwahoddiad y Bala yn ei bryd.

Drama sy'n ymwneud â gwleidyddiaeth a chrefydd yw hi, siŵr iawn. Diau na ddylai dramaydd geisio amddiffyn nac esbonio ei waith ei hun. Ei swydd ef yw bodloni ei actorion gyntaf, rhoi i bob un a ddaw ar y llwyfan gymeriad i'w ddeall a'i ddehongli a thrwy ei actio ei greu'n fyw. Wedyn daw'r gynulleidfa. Cymry yw fy nghynulleidfa i, ni cheisiais ddim arall. Dweud rhywbeth am y sefyllfa a'r dewis sy'n wynebu Cymry heddiw yw mater y ddrama yma, a hynny ar lun stori.

A gaf i ddweud cymaint â hyn: y mae un peth sy'n gyffredin i bob ffurf ar grefydd Gristnogol ac i Gomiwnyddiaeth. Act o ffydd yw ymlyniad yn y naill a'r llall. Ni ellir profi iawnder na'r naill na'r llall. Credu fod Duw y mae'r Cristion a'i fod yn llywyddu ar gwrs dyn a'r bydysawd ac wedi ymyrraeth ynddynt. Credu fod hanes yn arwain yn anochel i baradwys ddynol yn y dyfodol y mae'r Comiwnydd, ac mai rhan dynion yw cyd-ymroi i frysio'r datblygiad anorfod. Gall y Comiwnydd ganu gyda'r Cristion:

Dros y bryniau tywyll, niwlog,
Yn dawel, f'enaid, edrych draw
Ar addewidion sydd i esgor
Ar ryw ddyddiau braf gerllaw,

ond heb ddisgwyl cael gweld y bore wawr, ond yn unig drwy ffydd.

Eithr ymddengys i mi fod gwyddoniaeth canol y ganrif hon wedi dinstrio sail ffydd Comiwynddiaeth. Mae gan Rwsia a'r America a Sina bellach foddion sicr i roi terfyn ar y baradwys ddaearol cyn ei chyrraedd. Ac o adnabod dynion a'u llywodraethau, amhosibl dal na ddaw'r rhyfel terfynol hwnnw a gadael ein planed yn wag. Y mae gweddi ddi-ateb y Cristion yn gyngwystl mwy rhesymol heddiw na ffydd ddiobaith Marx. Y mae *pari* Pascal eto'n rhesymol. Efallai mai dyna'r pam y cymerodd y ferch yn fy nrama i yr enw Bet.

Ond os na fynnwn ni na hen ffydd Cymru erioed, na Chymru ei hunan chwaith, na brwydro dros y pethau a wnaeth Gymru yn Gymru, ac os amhosibl inni edrych gydag Engels dros y bryniau tywyll niwlog ar ryw ddyddiau braf gerllaw,—a ddywedwch chi wrthyf wedyn beth sy'n afresymol ym mywyd ac yn newis fy Newi i? Mae fy nghydymdeimlad i ar yr amodau hynny gyda'r llanc. Fe gafodd ei wefr, fe gafodd weiddi ei ddig mai er mwyn y trap y digwyddodd y llygoden, ac fe gafodd ei awr o felys dwyll cyn darfod. Beth well wedi gwrthod Bet?

Am y rhieni yn y ddrama, onis dangosais hwynt yn dduwiol, yn ddynol, yn ddeallus ac weithiau, er eu gofid, yn ffraeth, yn annwyl trwy'r cwbl a'u hymddiried yn ei gilydd yn ffrwyth eu cyd-fyw a'u cyd-ddioddef, yna'n wir mi fethais yn druenus yn f'amcan.

Mae'r cwbl yn y ddrama yn digwydd o fewn pedair awr ar hugain, ac y mae diwedd Dewi wedi ei ragddangos yn eglur yn yr act gyntaf. Mor hen-ffasiwn ag *Aias*.

CYMRU FYDD

ACT 1

GOLYGFA

Parlwr yn nhŷ'r gweinidog tua saith ar gloch yn yr hwyr. Mae'r tân yn cynnau yn y grât a'r golau trydan yn goleuo'r stafell, canys hwyrddydd ym mis Tachwedd yw hi. Daw Dora, gwraig y gweinidog, i mewn, wedi ei gwisgo i fynd allan. Mae hi'n ganol oed ifanc, ond ei gwallt yn wyn. Mae hi'n edrych o'i chwmpas, yn tacluso'r tân, yna'n diffodd y golau ac ar droi i fynd allan pan gân y teleffôn (sydd ar ochr chwith y llwyfan o safbwynt yr actor).

DORA *(gan ateb y ffôn)*:

Tan-y-fron dau-tri-saith...Nac ydy...Mae'r gweinidog newydd fynd i'r seiat...Bydd, mi fydd yn ôl yma ymhen rhyw awr...Beth?...Ydw i ar fy mhen fy hun?...Ydw, ar y funud. Ar gychwyn i'r seiat yr ydw innau...Pam? ...Pwy sy'n holi?...Beth yw'r enw imi ddweud wrth y gŵr?...Wel, os ydych chi am ei weld o dowch yma tua'r wyth...Rowch chi mo'ch enw?... O'r gorau, tuag wyth ar gloch...

(Mae hi'n rhoi'r teleffôn i lawr ac yn syllu i'r tân am funud go hir mewn myfyr. Mae ffenestr ar ochr dde cefn yr ystafell yn agor ar yr ardd. Wele ei chodi hi'n sydyn. Gwelir yn yr hanner gwyll ŵr ifanc mewn côt - law werdd dywyll yn rhoi coes dros arffed y ffenestr a dringo i mewn i'r parlwr. Dyry DORA sgrech hir o ddychryn.)

DEWI: Ust, Mam, ust!...Fi sy'ma. Dewi!

DORA: Beth?

DEWI: Dewi. Fi sy'ma.

DORA: Dewi?

DEWI: Ie. Dyma fi!

DORA: O diar, diar! O, mi gefais fraw

DEWI: Mae popeth yn iawn, Mam

9

DORA: Nac'dy ddim yn iawn, ymhell o fod yn iawn. Does dim byd yn iawn. Neidio arna i drwy'r ffenest fe! yna...Aros imi olau.

(Mae hi'n symud at glicied y golau, ond y mae yntau'n gynt na hi ac yn ei gwthio oddi wrtho)

DEWI: Diawl erioed, Mam! Byddwch yn gall.

DORA: Pam? Be sy?

DEWI: Mi allai pobl fy ngweld i. Tynnwch y llenni dros y ffenest gynta.

(Y mae ef yn cau a chloi'r ffenestr a hithau'n tynnu'r cortyn sy'n cau'r llenni trymion. Wedyn mae hi'n goleuo. Wynebant ei gilydd.)

DORA: Dewi!

DEWI: Wel, Mam, sut mae pethau?

DORA *(gan eistedd ar ymyl cadair)*:
O Dewi!

DEWI: Does gennych chi ddim cusan imi? Ddim gair o groeso? Dim ond O Dewi!

DORA: Tyrd â joch o ddŵr imi o'r gegin.

(Mae ef yn mynd i'r gegin drwy'r drws ar y chwith. Mae hi'n trechu ei hanner-gwasgfa gydag ymdrech fawr ac yn tynnu ei chot a'i het a'i menyg. Daw yntau a gwydraid o ddŵr iddi)

DEWI: Mae'n ddrwg gen i'ch dychryn chi fel yna, Mam.

DORA *(wedi sipian)*:
Mi ddo i'n iawn gyda hyn.

DEWI: Cychwyn i'r seiat yr oeddech chi?

DORA: Ar gychwyn...Welaist ti dy dad?

DEWI: Naddo i.

DORA: Newydd fynd o'r tŷ mae o. Sut na ddaru ti ei weld o ar y lôn?

DEWI: Sut mae o?

DORA: Beth wyt ti'n ei ddisgwyl?

DEWI: Ie, debyg. Mae o wedi aros yn yr eglwys?

DORA: Hyd yn hyn.

DEWI: Fynnwn i ddim bod yn achos iddo fynd odd'no.

DORA: Mae hi braidd yn hwyr iti ddechrau gofidio am dy dad. Ai i ddangos dy dduwioldeb y daethost ti i mewn drwy'r ffenest?

DEWI *(chwerthin byr):*

Mae'n dda'ch gweld chi'n cadw'r hen ffraethineb, Mam.

DORA: Nid ffraethineb ydy cyfog.

DEWI: Fyddai arnoch chithau ddim eisiau i bobl fy ngweld i'n curo ar y drws ffrynt. Mi ddalia i nad ydy'r gloch ddim wedi ei thrwsio eto, ydy hi? A'r ffenest fel arfer heb ei chloi.

DORA *(gan roi'r gwydr i lawr a throi ato):*

O ble y daethost ti?

DEWI: Oddi yno, wrth gwrs...O ble arall?

DORA: O'r carchar?

DEWI: O'r carchar.

DORA: Wyt ti'n rhydd?

DEWI: Ydw...yn rhydd...rwan.

DORA: Ond sut? Deuddeng mis gefaist ti. Pam na chawson ni rybudd?...Pam nad anfonaist ti?...Mae dy dad wedi gwerthu'r car, ond mi ellid cael tacsi i'th nôl di.

DEWI: Roedd y cwbwl braidd yn sydyn. Doedd dim amser i anfon gair.

DORA: Pam? Pryd y cefaist ti dy ryddhau?

DEWI: Bore heddiw.

DORA: Y llywodraethwr ddaru...?

DEWI *(wedi chwerthin):*

Nage, nid yn union felly. Ond fe fu'r llywodraethwr yn help.

DORA: Be ddigwyddodd felly? Wyddwn i ddim fod dim fel yna'n bosib.

DEWI: Mae popeth yn bosib...gyda lwc!

DORA: Gyda lwc?

DEWI: Chefais i mo fy rhyddhau.

DORA: Chefaist ti ddim? Be fu?

DEWI: Cerdded allan wnes i...Reit syml.

DORA *(ar ei thraed mewn gwewyr):*

Dewi!...Nid dianc?

DEWI: Ie...Dianc!...Dianc!

DORA: Ydyn nhw'n gwybod? Y swyddogion?

DEWI: Siŵr o fod, erbyn hyn.

DORA: Pryd fu hyn?

11

DEWI: Bore 'ma. Tua'r unarddeg. Glywsoch chi'r newyddion chwech ar y radio?

DORA: Naddo. Fydda i'n gwrando ar ddim bellach... Sut y doist ti adre?

DEWI: Roedd hi'n niwl tew. Mi gyrhaeddais y briffordd a chael pas ar unwaith gan lorri.

DORA: Lorri? O'r tu draw i Gloucester? Yr holl ffordd yma?

DEWI: Mynd â sment i Bwllheli. Cymro. Bachgen clên.

DORA: Mi fydd y plismyn ar dy ôl di.

DEWI: Siŵr o fod. Rhai fel yna ydyn nhw, welwch chi.

DORA: Ddaru neb stopio'r lorri i holi?

DEWI: Holi?

DORA: Felly y byddan nhw'n gwneud, yn ôl y papurau, pan fydd neb yn dianc o garchar.

DEWI: Ie 'ntê? Na, ddaru neb ein stopio ni. Roedd o'n yrrwr tan gamp.

DORA: Mi ddôn yma, mi ddôn yma ar dy ôl di.

DEWI: Dyna pam y des i drwy'r ardd a'r ffenest. Rhag ofn fod Jones y plismon yn y pentre wedi cael gair o rybudd.

DORA: Wrth gwrs y caiff o rybudd.

DEWI: Wel, mae'r mans yma dipyn o'r neilltu, nid yng nghanol y pentre... Ydy'r motor-beic yna ganddo fo o hyd?

DORA: Gan bwy?

DEWI: Jones y plismon.

DORA: Rwyt ti'n siarad yn ffiaidd, fel un wedi caledu i fod yn lleidr a llofrudd.

DEWI: Dyna ydw i, lleidr proffesiynol. Nid llofrudd chwaith, hyd yn hyn, am wn i.

DORA: Fedri di ddim cuddio yma, Dewi.

DEWI: Pam?

DORA: Am fod dy dad yn weinidog yr Efengyl.

DEWI (dan wenu):
Dyna'r pam y galla i guddio yma. Dyna pam y dois i yma. Mae Dad yn barchus ac onest. Mae'r plismyn a'r ustusiaid i gyd yn cydymdeimlo ag o yn ei warth a'i drallod. Fo wnaeth fwya i 'mhrofi i'n euog, helpu'r plismyn orau medrai o.

DORA: Er dy fwyn di. Er mwyn gostwng dy gosb di. Ac fe lwyddodd.

DEWI: O'r gorau. Hwyrach fod ganddo resymau eraill hefyd, dipyn gwahanol. Dydw i ddim yn edliw hynny iddo. Ond rwan y cwbl sy'n rhaid iddo'i wneud ydy deud na welodd o monof i, a dyna ben. Chwilian nhw fyth dŷ gweinidog sy mor onest. Bydd ei air o'n ddigon. Mi fydda i'n saff yma am dipyn, Mam.

DORA: Does ond un lle y byddi di'n saff ynddo, machgen i.

DEWI: Ym mhle?

DORA: Yn gorffen dy benyd yn y carchar. Wedyn byddi'n ddyn rhydd a gelli ail-gychwyn byw.

DEWI (*wedi chwerthin byr*):
Ffordd y groes, ie?

DORA: Mae hi'n ffordd ddreng, nid i ti'n unig. Ond dyna'r unig ffordd. Rydw i'n fam iti. Ti yw unig ffrwyth 'y nghroth 'i. Mae f'ymysgaroedd i'n crynu amdanat ti ddydd a nos... Mae dy dad wedi crymu ei ben fel hen ŵr ac yntau prin iawn yn ganol oed. Rydw innau... fel y gweli di. Ond mynd yn ôl i'r carchar, dy roi dy hun i'r plismyn, dyna ydy'r unig lwybr i ryddid, heno nesa.
(*Mae'r teleffôn yn canu. Try Dora i'w godi ac ateb. Y mae Dewi yn gafael ynddi a'i hatal. Cân y teleffôn rhwng brawddegau Dewi tra dywed ef:*)

DEWI: Rydych chi yn y seiat, Mam...Yn gwrando ar brofiad-au'r saint... Glywch chi nhw?...Does neb yn y tŷ i ateb y teleffôn... (*Canu*)
O where is my wandering boy tonight...
(*Mae'r teleffôn yn peidio*)

DORA (*gan ymryddhau ac yn hallt*):
Taw!

DEWI (*dan chwerthin*):
Peidiwch â gwneud trasiedi o 'nyfod i adre, Mam. Wedi'r cwbl rydw i'n torri ar undonedd bywyd y capel bach a'r mans. Does gennych chi ddim set deledu, ond rydw i bron cystal ag un.

DORA: Fe fu rhywun yn holi drwy'r teleffôn yn union cyn iti ddringo drwy'r ffenest.

DEWI: Mi wn. Roeddwn i'n gwrando.

DORA: Felly maen nhw'n gwybod mai tuag adre y doist ti

13

DEWI: Pan fydd rhywun yn dianc mae'r plismyn bob amser
            yn gwylio'i gartref o. Mae'r peth yn rheol. Mi wydd-
            wn i hynny.
DORA: Mae'n dda gen i mai adre y daethost ti. Mi fydd
            hiraeth yn rhywfaint o esgus...
            (Mae Dewi'n chwerthin yn llaes)...
            Pam wyt ti'n chwerthin? Be ddwedais i'n ddigri?
DEWI: Dim o bwys, Mam bach. Ond y gair hiraeth yna.
            'Chlywais i mono ers cantoedd. I 'nghenhedlaeth i
            mae o'n air diystyr, rhywbeth allan o flodeugerdd
            W. J. Gruffydd yn yr ysgol ers talwm.
DORA: Y peth calla iti, y peth gorau er dy les di, ydy ffônio dy
            hunan rwan at y plismyn i ddweud dy fod ti yma a
            gofyn iddyn nhw ddwad yma.
DEWI *(gan droi'n ddifrifol):*
            Does arna i ddim eisiau bod yn gas. Ond rhaid imi
            gael aros yma'n dawel drwy'r nos heno.
DORA: Machgen bach i, mi fydd dy dad yma gyda hyn. Y
            peth cynta wnaiff o wedi clywed dy hanes fydd ffônio'r
            plismyn yn y dre. Mi wyddost ti hynny. Ac mi
            wyddost mai dyna fydd orau i tithau.
DEWI: Chaiff o ddim ffônio heno.
DORA *(heb ddim ofn ond yn oer):*
            Ydw i'n dy ddallt ti, dywed? Wyt ti'n bygwth codi
            dy ddwrn ar dy dad?
DEWI: Mae llawer sgil i gael Wil i'w wely.
DORA: Er enghraifft?
DEWI: Chi, nid fi, wnaiff rwystro i Dad ffônio.
DORA: 'Cheisiais i erioed yn fy myw rwystro i'th dad wneud
            yn ôl ei gydwybod.
DEWI: Mi fedrwch newid ei gydwybod o.
DORA: Sut?...Pam?
DEWI: Dwedwch wrtho fo fod yn rhaid imi gael un noson o
            leia o gysgu heb orfod crynu gan ofn. Rhaid imi fedru
            tynnu nillad oddi amdana i. Rhaid imi gael mynd i'r
            gwely heb orfod gwrando ar bob smic yn y twllwch.
DORA: Dwyt ti ddim ar dy ben dy hun?
DEWI: Rydan ni'n ddau. Mae pob carchar ym Mhrydair
            fel yna bellach.

DORA: Fel yna...sut?

DEWI: Bocsiwr deg ar hugain oed o Stepney ydy fy mhartner
i. Rydan ni wedi'n cloi gyda'n gilydd mewn cell fach
gul ac uchel o chwech bob pnawn hyd at chwech bob
bore, deuddeg awr gyda'n gilydd, fel Adda ac Efa ym
Mharadwys. Yr hyn y mae'r Saeson yn ei alw'n
marriage of convenience.

DORA (*gyda gwaedd*):
          Dewi! Beth wyt ti'n ei ddweud?

DEWI: Tipyn o 'mhrofiad noson seiat...Braint, braint yw cael
cymdeithas...wyddoch chi?

DORA: Ydy pethau fel yna'n digwydd?

DEWI: Nid dyna'ch syniad chi am garchar, Mam? Oeddech
chi'n meddwl mai ysgol feithrin Gymraeg oedd o?...
Neu fynachty?...
          (*Mae Dora'n ysgwyd ei phen mewn poen*)
          ...Sodom a Gomorra ydy carchar, a'r muriau a'r
drysau clo i ofalu nad oes na dewis na gwrthod.

DORA: Pam na fyddai modd iti newid dy gell?

DEWI (*gyda gwên chwerw*):
          Newid fy nghell?   Gallwn, reit debyg, ond mynd at
y llywodraethwr i gwyno.

DORA: A pham lai?

DEWI: Cwyno wrth y llywodraethwr?... (*Chwerthin byr*)
Wyddoch chi ddim mor ddigri ydy'r syniad.   Mae'na
bethau na fedra i mo'u hadrodd yn digwydd ym mharêd
y lle chwech bob bore. Mae bechgyn a fu'n cwyno wrth
y llywodraethwr wedi mynd yn syth i'r seilam o'r
cosbau yno...Does dim dwywaith na byddai raid imi
newid fy nghell.

DORA: Rwyt ti'n llwyddo yn dy fwriad i 'nychryn i.

DEWI: Oeddech chi'n meddwl y cawn i fy mhuro yn y carch-
ar?   Yr awn i wedyn yn ôl i'r coleg i arwain ienctid
Cymru mewn diwygiad crefyddol newydd?

DORA: Doedd gen i ddim amcan.   Rhywbeth y darllenwn i
amdano yn y papur newydd oedd carchar i mi cyn i
hyn ddigwydd.   Roedd gen i ofn y gallai carchar
chwerwi bachgen fel ti, dy droi di'n elyn i'th dad a'th
fam ac i bawb   Mi fûm i'n gweddïo y tri mis dwaetha

'ma rhag i hynny ddigwydd...Mae o wedi digwydd...
Ond ddychmygais i ddim y gallai carchar lygru a
halogi a phuteinio a difetha dynoliaeth bechgyn.

DEWI: Mi all pentre gwledig yng Nghymru Gymraeg wneud
hynny hefyd, wyddoch chi.

DORA: Dydy pawb mewn pentre ddim yn aflan.

DEWI: Dydy pawb yn y carchar ddim yn aflan chwaith. Han-
ner pan ydy eu hanner nhw, gwirion, heb fod yn llawn
llathen. Mae ysbyty'r carchar yn llawn o fechgyn sy
wedi llyncu nodwyddau neu ambell un siswrn wrth
wnïo bagiau. Mynd i'r ysbyty wedyn, ac aros nes
bod y nodwydd yn pigo. Wedyn operasiwn. Sbri
fawr.

DORA: Dianc ydy hynny hefyd.

DEWI Dyna wnes innau bore heddiw. Yn fab y mans a
phlentyn yr ysgol Sul mi gerddais allan. A dydw i ddim
yn mynd yn ôl yno'n oen bach er mwyn i Dad gael ei
weld ei hun yn ffônio'r plismyn fel Abraham yn mynd
i offrymu Isaac.

DORA: Dwyt ti'n nabod dim ar dy dad.

DEWI: Mae hynny reit siŵr. Mae'r peth yn amhosib. Eith-
riad fod tad a mab yn deall ei gilydd fyth. Mae'r iaith
wedi newid rhwng geni'r naill a'r llall.

DORA: Mae un peth yn fy mhoeni i rwan, Dewi.

DEWI: Dim ond un?

DORA: Wn i ddim y funud yma a *fedri* di bellach ddweud y
gwir.

DEWI: Mam bach, dyna chi'n mynd â mi'n ôl ar f'union i
ddosbarth athroniaeth y coleg.

DORA: Sut hynny?

DEWI: Beth ydy'r gwir? Y peth y byddwch chi'n ei gredu ar
y funud?

DORA: Neu'r peth y byddwch chi'n ei ddweud ar y funud?

DEWI: Ei ddeud a'i gredu efallai, ei ddeud er mwyn ei gredu.

DORA: 'Wn i ddim y funud yma wyt ti'n dweud y gwir reswm
pam y diengaist ti o'r carchar, neu ynteu tric i'm
rhwydo i i'th helpu ydy'r cwbl.

DEWI (*wedi chwerthin*):
Go dda. Y ffaith ydy fod gennych chi ormod o 'fennydd i ymddwyn fel mam.

DORA: 'Dydw i ond dwy a deugain oed, 'machgen i, a mae 'ngwallt i eisoes yn wyn o'th blegid di.

DEWI (*yn anesmwyth*):
Oes gennych chi'r fath beth â bwyd yn y tŷ?

DORA: Pryd y cefaist ti fwyd?

DEWI: Brecwast saith ar gloch y bore.

DORA: Mae gen i bwdin reis poeth a tharten 'falau, hynny gyda the a bara 'menyn?

DEWI: Yma?

DORA: Yn y llofft. Bydd dy dad yma gyda hyn. Mae dy wely di a'r stafell fel yr oedden nhw. Mi rof gannwyll ar y bwrdd bach wrth y gwely. Ond tynnu'r llenni a pheidio â rhoi'r golau trydan i oleuo, 'fedr neb dy weld di na gweld dy gysgod.

(*Exit Dora i'r gegin drwy'r drws ar y chwith. Y mae DEWI'n cerdded yn betrus yn ôl ac ymlaen; yna, o'r diwedd, gyda cham penderfynol, yn codi'r teleffôn a throi'r rhifau ar ei wyneb, a gwrando...*)

DEWI: Bet! Helo! ...Fi sy'ma... (*gwenu ar syndod yr eneth*) ...Gartre am noson neu ddwy, mi eglura i eto... Gwrando; oes siawns iti fedru dod yma?...Paid â dod ar hyd y lôn bost. Mi fydd y fflics o gwmpas yno. Tyrd dros y caeau a thrwy'r ardd gefn...Mi fydda i wrth ddrws y cefn yn d'aros di...Bydd mam yn ei gwely tua deg a Dad yn ei stydi. Tyrd wedyn...Rhaid inni gael pethau'n glir rhyngon-ni, dyna pam y dois i yma...Dim chwaneg rhag bod clustiau'n gwrando... Tan heno!

(*Dyry'r teleffôn i lawr. Cerdded eto'n dra esmwyth. Daw Dora i'r drws.*).

DORA: Mae dy swper di'n barod yn y llofft, a llieiniau iti 'molchi. Dos rwan heb oedi. Mi glywais step dy dad.

(*Mae yntau'n mynd allan gyda hi...Daw'r Parchedig John Rhys i mewn, edrych o gwmpas yn bryderus, yna galw*):

JOHN: Dora! ...Dora!

17

DORA (*yn y drws*):
>Helo!

JOHN: Wyt ti'n sâl?

DORA: Nac ydw rwan. Rydw i'n iawn.

JO.HN: Dy golli di o'r seiat a dod yma a gweld dy ddillad di yma a'r gwydraid dŵr acw.

DORA: Rhyw funud o bendro pan oeddwn i ar gychwyn, ac mi dybiais mai aros yn tŷ oedd orau.

JOHN: Siŵr iawn. Ydy o wedi cilio?

DORA: Rydw i'n credu.

JOHN: Mi dynna i fy nghot cyn eistedd.

>(*Mae'n mynd allan drwy'r drws canol a Dora'n estyn cadair iddo eistedd gerllaw y tân ar y dde ffrynt, fel y byddo'n wynebu'r gynulleidfa. Mae hithu'n cymryd gwaith gwau. Dychwel yntau.*)

DORA: Rwyt ti'n ôl yn rhyfedd o fuan.

JOHN: Ydw. Mae'n dda na ddaethost ti ddim.

DORA: Pam?

JOHN: Pedwar ddaeth i'r seiat. Huw Wirion yn un; John Evans sy dros ei bedwar ugain; a'r ddwy hen ferch Jane a Chathrin. Dydyn hwythau ddim fel pawb.

DORA: Dim un blaenor?

JOHN: Dim un.

DORA: Be wnaethost ti?

JOHN: Cadw dyletswydd, a darfod mewn deng munud.

DORA: Os felly mae'n ddrwg gen i imi golli.

JOHN: Rwyt ti bob amser yn hoffi'r pethau teuluaidd.

DORA: Wyt ti'n cofio'r wythnos honno o wyliau gawson-ni gerllaw Dulverton y gwanwyn ar ôl inni briodi?

JOHN: Ydw'n dda iawn. Wythnos o bysgota a heb ofal yn y byd. Beth amdani?

DORA: Mi ddaeth i'm meddwl i rwan fel yr oedd pob dyn byw yn y pentre hwnnw nos Sadwrn yn chwil feddw.

JOHN: A'r gwragedd yn casglu eu gwŷr o'r tafarnau i'w tywys nhw adre'n saff am ddeg o'r gloch. Roedd hi'n olygfa ryfedd a digri, am wn i yn fwy digri na thrist.

DORA: A'r bore wedyn, bore Sul, mi es i i eglwys y plwy i wasanaeth y bore.

JOHN: Rydw i'n cofio hynny hefyd. Mi es innau am dro ar hyd glannau'r afon Exe a gweld y samwn mwya a welais i erioed yn nofio mewn afon, brenin yr eogiaid.

DORA: Roedd yr afon yn llawnach na'r eglwys. Doedd neb byw yn y gwasanaeth ond y ficer a'r clochydd yn porthi a minnau fy hunan yn gynulleidfa.

JOHN: Lloegr wledig, welwch chi. Mae pentrefi bychain y wlad yn sir Defon yn rhyfeddach na dim yng Nghymru, yn fwy hynafol.

DORA: Mi sgwrsiais i wedyn gyda'r ficer. Roedd o'n berffaith hapus, yn mynd adre'n llawen. Roedd y gwasanaeth wedi ei gynnal. Roedd yr addoliad wedi ei dalu dros y plwy i gyd, er nad oedd ond tri yno. Offrymu'r addoliad yn gyson dros y plwy oedd yn bwysig. Ddychmygodd o ddim am eiliad fod yn rhaid iddo fo roi'r eglwys i fyny ac ymddiswyddo am nad oedd neb o'r wardeiniaid yno, neb ond y clochydd hanner cysgu a minnau.

(Mae John yn edrych arni'n syn ac wedyn yn chwerthin yn galonnog)

JOHN: Dora, Dora, soniais i ddim un gair am roi'r eglwys i fyny, ddim un gair.

DORA: Paid â siarad lol. Roedd dy wyneb di'n un cwmwl o ymddiswyddiad.

JOHN: Rwyt ti'n witsh, wraig, yn witsh. Heno mi dynnais i'r seiat i derfyn mewn deng munud ac mi gerddais adre gan lunio llythyr at y blaenoriaid i ddweud y bydda i'n torri fy nghysylltiad â'r eglwys ar ddiwedd y flwyddyn ...Dyna sy orau. Dyna sy raid.

DORA: Er gwaetha'r ficer duwiol yn Devonshire?

JOHN: Nid y ficer oedd yn gwagio'r eglwys yno. Ond yma, fi sy'n gyfrifol, fi ydy achos y capel gwag.

DORA: A pham ti?

JOHN: Mi wyddost pam. Os na fedra i fagu fy mhlentyn fy hun yn gymeriad moesol, pa hawl sy gen i i fynd i'r pulpud? Pa hawl sy gen i i gynghori a holi yn y seiat? Dyna mae'r blaenoriaid yn ei sibrwd wrth ei gilydd, ac o fwriad yn cadw draw. Rhaid imi ymddiswyddo er

19

	mwyn iddyn nhw a'r aelodau cyffredin hefyd fedru dod yn ôl i'r moddion.
DORA:	Wyt ti'n cofio beth ydy oed Dewi?
JOHN:	Mae o'n ddwy ar hugain. Roedd y prawf a'r ddedfryd ar ddydd ei ben blwydd o. Sut na chofiwn i?
DORA:	Os felly nid ti sy'n gyfrifol. Mi fu am bedair blynedd yn y coleg, heb ddod adre ond ar wyliau. Dwyt ti ddim am ofyn i'r prifathro ymddiswyddo?
JOHN:	Nid pregethu'r Efengyl ydy gwaith prifathro. Dydy o ddim yn gyfrifol chwaith am fuchedd na moesau'r efrydwyr. Rydw i'n gyfrifol, ac wedi methu yn fy ngweddi, yn f'esiampl, yn fy mab...Wyddost ti fod esgyn grisiau'r pulpud fel mynd i'r doc yn yr aséis i mi? Rydw i yno, yn y doc gyda Dewi, yn wynebu'r barnwr a'r rheithwyr bob tro y rhof i allan emyn i'w ganu. Dora, fy methiant i ydy Dewi. Fi sy'n euog.
DORA:	Os felly, John, does gen'ti ddim hawl i roi heibio gofalaeth yr eglwys.
JOHN:	Beth wyt ti'n ei ddweud?
DORA:	Yn yr ysbryd yna y dylai pob pregethwr fynd i'r pulpud. Y pregethwr euog ydy'r un a chanddo hawl i bregethu. Heb hynny mi fyddai'n annioddefol.
JOHN:	Fedra i ddim pregethu rwan.
DORA:	Rwan y medra i wrando arnat ti'n pregethu heb ofni amdanat.
JOHN:	Wyt ti'n dal na ddylwn i ddim sgrifennu at y blaenoriaid?
DORA:	Mi wyddost, os byddi di'n ymddeol, na fedran nhw ddim fforddio gweinidog arall. Rwyt ti'n rhoi dy gyflog yn ôl iddyn nhw bob blwyddyn.
JOHN:	Ti sy'n gwneud hynny, nid fi. Dyna'r unig reswm na ofynson nhw ddim am imi ymddiswyddo. Ar d'arian di yr ydyn ni'n byw.
DORA:	Mi wyddost tithau, John, a rhoi dy fod di'n ymddeol, na fyddai'r seiat ddim mymryn llawnach, na'r gwasanaeth fore Sul. Fel yna y mae hi drwy'r wlad i gyd. Peth sy'n marw ydy'n crefydd ni.
	(Y mae John yn codi ac yn cerdded yn gynhyrfus i fyny ac i lawr. Wedyn yn sefyll a gofyn iddi hi)

20

JOHN: Fyddi di'n meddwl, Dora...? Mi fydda i'n meddwl bob nos,—ydy o'n cysgu, tybed, fan yna yn ei gell?

DORA: Pwy ŵyr? Siawns y caiff o gysgu heno.

JOHN: Mi glywais i Williams Parry'n dweud mai cael ei gloi mewn cell oedd yr arswyd gwaetha oll iddo fo. Clawstroffobia, wyddost ti? Mi gadwai hynny finnau'n annifyr yn y nos. Mi allwn i ddeall dyn yn methu dal.

DORA: Byddai cael ei gloi ar ei ben ei hun yn rhyw fath o ddiogelwch i ddyn. Mi fedra i feddwl am arswyd gwaeth, cael fy nghloi i mewn yn y nos gyda rhywun sy'n ddychryn imi.

JOHN: Mae'r llywodraethwr yno, yn ôl a glywais i, yn ŵr go flaengar a dynol. Mae rhai o'r troseddwyr ar ôl y tri mis cynta o brawf yn cael mynd i weithio y tu allan i furiau'r carchar, ac un warder yn unig yn gofalu. Fe allai hynny achub llawer un rhag colli arno'i hun.

DORA: Oes arnat ti chwant swper?

JOHN: Mi wnawn i'n burion heb swper petawn i ddim yn dy frifo di. 'Ddwedaist ti ddim fod gen'ti darten falau a phwdin?

DORA: Does dim ots. Meddwl y gallwn i dy demtio di i fwyta roeddwn i. Dan gofio, fe fu rhywun yn holi amdanat ar y teleffôn.

JOHN: Pwy oedd o?

DORA: Mi wrthododd roi ei enw. Roedd o am alw heno. Me ddwedais wrtho y byddit ti'n rhydd tuag wyth ar gloch.

JOHN: Dydw i ddim mewn hwyl i ddal sgwrs gyda neb.

DORA: Nid un o'r blaenoriaid oedd o, mi wyddwn wrth y llais.

JOHN: Ust!

DORA: Be glywaist ti?

JOHN: Motor-beic.

DORA: Yn y lôn?

JOHN: Ie...Dyma fo!... (*Clywir curo trwm ar ddrws y tŷ*) ...Rydan-ni'n hen gynefin â'r curo yna.

21

DORA: Mi af i.

(Exit Dora, drws canol. Daw'n ôl ac agor y drws i'r Cwnstabl JONES sy'n cario'i helmet modur o dan fraich)

JONES: Nos da, syr. Mae'n ddrwg gen i aflonyddu arnoch chi.

JOHN: Chi fu'n ffônio?

JONES: Nage, syr. Yr inspector o'r dre. Wedyn mi gefais i ordor i ddod yma gyda neges.

JOHN: Un rheswm yn unig all eich dwyn chi yma,—fy mab i.

JONES: Dyna fo, syr. Mae'n ddrwg gen i.

JOHN: Eisteddwch.

JONES: Am funud neu ddau, syr.

JOHN: Newydd drwg?

JONES: Wel, ie.

JOHN: Ydy o'n sâl?

JONES: Nac'dy. Mae o ar goll...wedi dianc.

JOHN: Dewi!...Wedi dianc? Sut?

JONES: Roedd parti o'r carchar, rhai a chanddyn-nhw record tri mis o fihafio'n iawn, yn gweithio ar un o dai allan y carchar. Roedd eich mab chi yn un ohonyn-nhw ers tridiau. Dim trwbl am ddeuddydd. Bore heddiw roedd hi'n niwl tew dros yr ardal i gyd. Mi ddiflannodd Dewi Rhys yn y niwl. Roedd hi'n agos at un ar gloch, a'r parti'n dychwelyd i'r carchar, cyn iddyn nhw wybod ei fod o ar goll.

JOHN: Yr ynfytyn gwirion! O Dewi! Dewi!

JONES: Nid dyna'r cwbl syr. Nid dyna'r gwaetha.

JOHN: Mae'r plismyn wedi ei ddal o?

JONES: Maen nhw'n weddol siŵr o wneud hynny heno neu fory.

JOHN: I ba gyfeiriad aeth o? Ydyn nhw'n gwybod?

JONES: Mae'na ŵr canol oed o drafeiliwr yn yr ysbyty, wedi ei glwyfo, wedi cael ergyd go gas yn ei ben a chracio'r asgwrn. Cafwyd o'n gorwedd ar ymyl y briffordd.

DORA: Dewi?...Ie? Dewi?

JONES: Ie, ma'am.

JOHN: Ydy'r dyn mewn perigl?

JONES: Mi ddaw drosti, yn ôl y doctor. Mi fedrodd ddeud wrth y plismon wrth erchwyn ei wely beth ddigwyddodd.

JOHN: Dywedwch.

JONES: Roedd o wedi sefyll oherwydd y niwl. Wedyn gan fod batri ei gar o braidd yn isel mi aeth efo'r handlen haearn i flaen y car i gychwyn yr injan. 'Ddaeth hi ddim ar unwaith, medde fo. Roedd o'n colli ei wynt, a dyma ŵr ifanc, na wyddai o ddim o ble, ar draws y ffordd ato a chynnig help. Rhoes yntau'r handlen iddo, ac mi gychwynnod yr injan reit sydyn. Trodd yntau i ddiolch i'r llanc a chael ergyd yn ei ben efo'r handlen haearn, ac mi syrthiodd i'r llawr fel'na, 'wyddai o ddim rhagor. Roedd o'n griddfan yn arw ac yn dod ato'i hun pan ddaeth y plismyn o hyd iddo.

JOHN: A Dewi oedd y llanc?

JONES: Reit siŵr. Mae disgrifiad y trafeiliwr yn gweddu. Wedyn, y prynhawn yma, fe fu'r car yng Ngheintun yn codi petrol. Llanc ifanc mewn mackintosh werdd dywyll oedd y gyrrwr, meddai gŵr y garej. Roedd y trafeiliwr wedi gadael ei waled gyda'i arian yn ei got ar sêt flaen y car.

JOHN: Ceintun? Am y ffin â Chymru?

JONES: Mae Ceintun ar y ffordd union tuag yma, Mr. Rhys.

JOHN: Mi fydd yr heddlu'n gwylio'r ffordd?

JONES: Wrth gwrs. Mae'r achos yn fwy difrifol lawer na dianc o garchar. *Robbery with G.B.H.*.

DORA: Beth ydy G.B.H.?

JONES: *Grievous bodily harm.* Gall y gosb fynd i bedair blynedd neu bump.

JOHN: Nid y gosb sy'n bwysig heno. Yr unig beth o bwys ydy dal y bachgen a'i roi yn nwylo'r heddlu ar unwaith, cyn iddo fynd i waeth helbul.

JONES: Dyna'n gorchwyl ninnau, syr.

JOHN: Mae'r trafeiliwr yn gwella?

JONES: Dyna glywson ni.

JOHN: O leia, dydy o ddim yn llofrudd.

JONES: Os daw o yma, 'allwn ni ddibynnu arnoch chi i ringio'r inspector syr?

JOHN: Ydych chi'n f'amau i, Cwnstabl?

JONES:	Ddim am funud, syr. Mi fuoch yn onest iawn gyda ni pan aeth o i drwbwl y tro o'r blaen. Ond mae'n ddyletswydd arna i'ch rhybuddio chi y byddai rhoi lloches iddo fo'n drosedd. Gallai olygu tri mis o garchar.
JOHN:	Peidiwch â 'nhemtio i, Jones bach. Gallai hynny fod yn noddfa i mi.

JONES *(gan godi a chymryd ei helmet):*

	Mae'n ddrwg calon gen i drosoch chi, Mr. Rhys. Nid mêl ar ein bysedd ydy hyn i ninnau chwaith.
JOHN:	Os daw o yma, 'ddaw o ddim a'r car yma.
JONES:	Ddaw o ddim a'r car i'r pentre nac o fewn pum milltir i'r pentre. Tros y caeau a thrwy'r ardd gefn y daw o, y ffordd y bydd plant y pentre'n dod i ddwyn eich falau chi, Mrs. Rhys.
	(Y mae John yn hebrwng y plismon drwy'r drws canol. Saif Dora heb symud yn rheoli ei chynnwrf mewnol. Daw John yn ôl drwy'r drws chwith)
DORA:	Ydy o wedi mynd?
JOHN:	Ydy.
DORA:	Aiff o ddim ymhell.
JOHN:	Ddim am sbel.
DORA:	Mi fydd yn gwylio'r tŷ.
JOHN:	Trwy'r nos.
DORA:	Trwy'r nos.
JOHN:	Fo neu ryw blismon arall bob yn ail.
DORA:	Fel gwarchae.
JOHN:	Fel gwarchae… *(Seibiant)*
DORA:	Ac eto, dyma'i gartref o. Yma y bydd o'n disgwyl lloches.
JOHN:	Dora?
DORA:	Wel?
JOHN:	Mi es i i'r gegin gefn rwan.
DORA:	I beth?
JOHN:	Roeddwn i am ddiferyn o ddŵr.
DORA:	Wrth gwrs.
JOHN:	Ar ymyl y sinc…
DORA:	Ie?
JOHN:	Roedd'na ddysgl bwdin…a dysgl tarten falau.
DORA:	Fi rhoes nhw yno i'w golchi.

JOHN:	Ie...Dora?
DORA:	Wel?
JOHN:	Ble mae o?
DORA:	Yn y llofft...yn gorffen ei swper.
	(Mae John yn cerdded yr ystafell)
JOHN:	Pam na ddwedaist ti?
DORA:	Deud pryd?
JOHN:	Pan ddois i'n ôl. Pan oedden ni'n sgwrsio am y capel. Cyn i'r plismon alw.
DORA:	Am fy mod i'n disgwyl i'r plismon alw. Mi ddywedodd wyth ar gloch. Fiw imi ddeud wrthyt ti cyn hynny.
JOHN:	Pam?...Dora, Pam?
DORA:	Am mai ti fyddai'n gorfod ateb y plismon, nid fi.
JOHN:	Doedd arnat ti ddim ofn?
DORA:	John bach, mae pum mis er pan gysgais i noson gan ofn. Mae ofn yn rhan o'n byw ni.
JOHN:	Pryd y cyrhaeddodd o?
DORA:	Roeddwn i wedi diffodd y golau er mwyn dy ganlyn di i'r seiat, a dyma yntau'n dringo i mewn drwy'r ffenest.
JOHN:	Mae o wedi arfer â thorri i mewn.
DORA:	Roedd o ar gefn ei geffyl yn arw.
JOHN:	Ble mae'r car ganddo?
DORA:	Gan y plismon y clywais i gynta am y car.
JOHN:	Wyddost ti sut y daeth o yma?
DORA:	Roedd ganddo'i stori. Stori ramantus. Nid stori'r plismon.
DORA:	I Dewi does dim gwahaniaeth o gwbl rhwng gwir ac anwir.
JOHN:	Dyna sut y cafodd o anrhydedd mewn athroniaeth.
DORA:	Rhaid inni ddiolch fod y trafeiliwr na'n fyw.
JOHN:	Roeddwn i'n meddwl ein bod ni wedi cyrraedd y gwaelod, na allai dim byd bellach fynd yn waeth.
DORA:	Does dim gwaelod i drueni. Efallai fory y byddwn ni'n gweld heno yn hanner nefoedd.
JOHN:	Un nefoedd yn unig sy'n sicr—ers talwm.
DORA:	Ac yntau yn blentyn.
JOHN:	Yn blentyn mor llawen, mor annwyl...A'i lond o ddireidi.
DORA:	Yn deud ei bader ar ras gwyllt wrth fy nglin i.

JOHN:	'Wyr y gyfraith na'r plismyn ddim am hynny.
DORA:	Dydy yntau'n cofio dim amdano chwaith.
JOHN:	Na, dydy cofio ddim yn rhan o'i fywyd o. 'Fedra i ddim deall hynny.
DORA:	Am mai plentyn ydy o o hyd. Does gan blentyn ddim ond heddiw. Heddiw'n unig sy gan Ddewi.
JOHN:	...Rhaid i ninnau wynebu yfory.
DORA:	Rhaid...Yfory...Nid heno.
JOHN:	Heno, Dora. Rwan. Thâl hi ddim inni ohirio. Bydd yn anos fory na heno. Rhaid inni roi'r hyn sy'n iawn gyntaf. Heb hynny rydyn ni ar goll.
DORA:	Ar goll? Rydw i ar goll eisys, ar goll am byth, ar goll yn Dewi.
JOHN:	Mi ffôniaf rwan.

(Mae ef yn symud at y teleffôn ond y mae hithau'n sefyll ar ei draws)

DORA:	Na, John, ddim heno.
JOHN:	Paid â bod yn wallgo, Dora bach. Does dim dewis.
DORA:	Oes, y mae dewis.
JOHN:	Dyma 'nyletswydd i.
DORA:	Dyletswydd i bwy, John?...Dyletswydd i bwy?
JOHN:	I'r ddeddf...i onestrwydd...Nage, nid hynny chwaith. I Dewi ei hunan, er mwyn ei achub o.
DORA:	Diolch iti am ddeud, hyn'na, John. Rydyn ni efo'n gilydd o hyd. I mi dydy deddf a chyfraith gwlad yn cyfri dim rwan...Rydyn ni wedi peidio â bod yn barchus. Mae siawns inni fod yn ddynol.
JOHN:	Mi fyddai ei guddio fo, Dora, yn chwanegu at ei gosb o.
DORA:	Rydw i wedi addo, wedi rhoi fy ngair, y caiff o gysgu'n ddiogel heno.
JOHN:	Dwyt ti ddim yn meddwl o ddifri mai er mwyn cael noson o gysgu y dihangodd o?

DORA *(gan ysgwyd ei dwylo mewn anobaith):*

Fedra i ddim deud wrthyt ti. Fedra i ddim rhoi enw ar y peth. Mae o'n rhy erchyll.

JOHN:	Wyt ti'n ei gredu o?
DORA:	John, rhaid ei gredu o, hyd yn oed yn ei anwiredd. Does dim modd arall i gyffwrdd ag o.

JOHN:	Rwyt ti'n iawn. Mi af i fyny ato a'i gael o i'w roi ei hunan i'r plismyn. Heno. Rwan.

(*Ond y mae'r drws canol wedi agor a DEWI yn sefyll yno mewn siwt lân a chrys agored ac yntau'n smocio sigaret yn llanc garw*)

DEWI:	Wel, ydych chi wedi setlo fy nhynged i?
JOHN:	(*dan wenu*):
	Setlo dy dynged di? Dewi, Dewi, paid â chablu.
DEWI	(*yn symud rhagddo a chwerthin*):
	Go dda, Dad. Ateb hollol Galfinaidd. A minnau'n ofni y byddai'n cyfarfod ni braidd yn anodd.
JOHN:	Ti o'r jêl, minnau o'r seiat, dianc wnaethon ni'n dau. Mae dy fam yn f'annog innau hefyd i fynd yn ôl.
DEWI:	Ar bob cyfri, Dad. Pechod o beth fyddai rhoi'r eglwys i fyny.
JOHN:	Dyna dy farn di? Y mae dianc, wyddost ti? yn gymaint temtasiwn.
DEWI:	Ond wedi'r cwbwl, chi sy'n cadw'r seiat, nid cael eich cadw ynddi.
JOHN:	Wn i ddim. Os caf i 'nghadw, cael fy nghadw ynddi sy debyca. Os dihanga i, efallai na cha i mo' nghadw.
DEWI:	Dyna'n union fy mhrofiad innau, Dad, — os dihanga i, efalle na cha i mo 'nghadw.
JOHN:	Athronydd a diwinydd yn cytuno! Rhyfedd mor fuan y mae dwy genhedlaeth yn dod i ddeall ei gilydd.
DORA:	Wyddost ti fod plismon y pentre newydd fod yma?
DEWI:	Roeddwn i'n ei wylio fo yn dwad ac yn mynd. Yr un beic sy ganddo o hyd. Rown i'n nabod ei sŵn o.
DORA:	Glywaist ti be ddwedodd o?
DEWI:	Dim un gair. Dyna'r gwaetha o hen dŷ ffarm fel hwn. Ma'r waliau a'r lloriau'n rhy drwchus i neb glywed hyd yn oed weiddi yn y llofft. Dyna pam y dois i i lawr...Oedd o'n...ddiddorol?
JOHN:	Sut y doist ti yma, Dewi?
DEWI:	Rwan, Dad, dydy hyn'na ddim yn onest. Mi ddalia i i chi glywed gan y plismon, a dyma chi'n fy ngwadd innau i balu celwyddau. Fydda i fyth yn hel celwyddau heb eu bod nhw'n handi, yn arbed trwbwl i mi neu'n arbed poen i'r holwr. Rydw i'n llawer mwy normal nag

	y tybiwch chi. Rydw i'n deud celwyddau'n union yr un fath â phobol neis.
DORA:	Nid mewn lorri y doist ti adre.
DEWI:	Nage, wrth gwrs, neu fuaswn i ddim yma am ddwy awr arall. Chofiwch chi ddim imi fod yn bumed yn Monte Carlo yn f'ail flwyddyn yn y coleg? Ond, Mam, mi fu'r stori am y lorri yn arbed i chi boeni am y trafeiliwr bach yna am o leia hanner awr. Fedra i ddim deall pam na fyddech chi'n fwy diolchgar...Sut mae o, gyda llaw?...... Glywsoch chi?
JOHN:	Mae o'n fyw.
DEWI:	Yn fyw? Ydy o mewn perig?
JOHN:	Nac'dy, yn ôl yr hanes gawson ni.
DEWI:	Da iawn. Dydy bod yn llofrudd ddim ar fy rhaglen i. Rydw i'n gadael hynny i Ragluniaeth.
JOHN:	Mi fyddai'n help mawr i mi gael gwybod *beth* sydd ar dy raglen di.
DEWI:	Mae gennych chi hawl i wybod hynny, Dad...Yn gyntaf, aros yma'n dawel am noson neu ddwy neu dair.
DORA:	Mae hynny'n amhosib, Dewi.
DEWI:	Pam?
DORA:	Oes eisiau dweud?
DEWI:	Rydych chi'n meddwl y daw'r plismyn o hyd i'r car bach Mini yna?...Wrth gwrs, maen nhw'n rhwym o'i gael o rywbryd neu'i gilydd. Ond nid yn fuan iawn.
DORA:	Lle rhoist ti'r car?
DEWI:	Mam, Mam! Dyna beth ydy gofyn! Y cwbwl a ddweda i, rhyngoch chi a minnau, ydy fy mod i—beth bynnag am Fyddin Cymru Rydd—reit ddiolchgar i Gorfforaeth Lerpwl.
DORA:	Rwy'n gweld iti fwynhau dy swper.
DEWI:	Roedd y darten falau 'na'n amheuthun ar ôl tri mis o goco a saim.
DORA:	Mae'n dda fod rhywun yn y tŷ yma'n llawen.
DEWI:	Pam lai? Dyma fi gartre. Mae popeth yma ond y llo.
DORA:	Tybed?
JOHN:	Machgen i, ydy mynd yn ôl i'r carchar am bedair blynedd neu bump ar dy raglen di?
DEWI:	Pedair blynedd?

JOHN: Am ymosod ar ddyn a'i anafu'n ddifrifol a dwyn ei gar a'i arian.

DEWI: Doedd gen i ddim dewis.

JOHN: Ddwedi di hynny wrth y barnwr yn y llys?...Oblegid mi fyddi di ar ei raglen *o*.

DEWI: Ydych chi'n meddwl felly?

JOHN: Ysywaeth, rydw i'n siŵr.

DEWI: Ei weld o unwaith eto'n eistedd fel goliwog ar ei orsedd a rhoi pregeth imi a phedair blynedd? Na. Rydw i wedi cael y profiad.

JOHN: Heb ddysgu dim?

DEWI: Dad, mi ddewisais i'r profiad. Nid damwain oedd o. Roedd na wefr yn y profiad, roeddwn innau am y wefr. Dydy ddim yn ddrwg gen i. Dydw i'n edifarhau dim... Ond mae unwaith yn ddigon.

JOHN: Rwyt ti'n gweld dy ffordd i osgoi'r profiad eilwaith? *(Mae Dewi'n tanio sigarét arall ac yn tynnu'r mwg yn hir i'w ben cyn ateb)*

DEWI: Gwrandewch, Dad, mi ddois i'n rhy sydyn i'r plismyn freuddwydio mod i yma. Ddôn nhw ddim o hyd i'r car am sbel go lew. Os caf i aros yma'n dawel dridiau neu bedwar, mi dybian nhw wedyn fy mod i wedi troi i'r De, i gyfeiriad Caerdydd neu'r Barri. Wedyn mi fydd hi'n saff i minnau wneud fy ffordd i Lerpwl a chroesi i Iwerddon. ...A dyna ddiwedd ar eich pryder chi. Mi af i drosodd i'r America ac mi ellwch anghofio amdana i.

DORA: Anghofio!

JOHN *(yn ddigalon)*:
Dewi,mae'n anodd iawn credu dy fod ti wedi graddio gydag anrhydedd.

DEWI: Ers talwm, Dad.

JOHN: Rwyt ti'n siarad fel plentyn heb dyfu i fyny, yn breuddwydio breuddwydion am siwrnai i'r lleuad. Bydd plismyn Lerpwl a Chaerdydd a Chaergybi ac Abergwaun yn gwylio a chwilio amdanat ti, nid am dridiau, ond am dri mis a blwyddyn. Bydd dy lun di heno ar bob sgrîn deledu drwy'r deyrnas.

DEWI *(yn sydyn ddigalon):*
    Bydd debyg.

JOHN: Gwrando. *Amateur* o droseddwr wyt ti, bachgen ar
ei ben ei hun wedi ei ddal yn torri i mewn i dai. Hyd
heddiw wn i ddim ar y ddaear pam. Ond ar ôl bod yn
y carchar mi ddylit wybod mai'r unig droseddwyr
llwyddiannus ydy'r rheini sy'n perthyn i gang broffes-
iynol ac arian ac adnoddau y tu cefn iddyn nhw. Mae
hi wedi canu arnat ti fel aderyn o greim ar dy liwt dy
hun.

DEWI *(dan wenu):*
    Dad, roeddwn i'n disgwyl am bregeth foesol. Rydych
chi'n siarad yn union fel fy mhartner i, bocsiwr o
Stepney. Roedd o'n cynnig lle i mi mewn gang ar ôl
imi orffen fy *stretch.* Ei farn yntau oedd nad oedd'na
fawr o ddyfodol i fusnes breifat.

JOHN: Mae'n dda gen i gael cefnogaeth arbenigwr. Dywed
wrtho mod i'n gwerthfawrogi ei farn.

DEWI: Yn anffodus, wela i mono heno.

JOHN: Cofia hyn, Dewi: os wyt ti am ymuno mewn gang,
gorau po gynta iti gychwyn. Mae gangster fel chwar-
aewr rygbi, rhyw ddeng mlynedd ar y mwya y bydd o
ar ei orau.

DEWI *(gan fwynhau hyn):*
    Go dda'r gweinidog! Ac felly?

JOHN: Ac felly, gwneud ffrindiau o'r plismyn ydy'r polisi iawn
iti rwan. Eu galw nhw drwy'r teleffôn a'u haros nhw'n
ddewr yma. Rhoi gwybod iddyn nhw sut i ddod o hyd
i'r car a rhoi pob help iddyn nhw. Maen hwythau
wedyn yn debyg o gael y barnwr i ostwng blwyddyn
neu ddwy ar dy gosb di. A chofia di fod gangster sy'n
bartner gyda'r polîs yn aelod go werthfawr o'r gang.

DEWI: Dad, ga i ddiolch i chi rwan am beidio â dwrdio a
gweiddi bygythion a rhuo uwch fy mhen i, ac am beidio
â cheisio ffônio at yr inspector er fy ngwaetha i.

JOHN: Rydw i am i ti dy hunan wneud hynny.

DEWI: Mi wn...Rydych chi'n meddwl y gall eich cariad chi
f'achub i.

JOHN (*wedi cael ergyd enbyd*):
Wel!...Beth amdano?

DEWI: Rydw innau wedi dod i'r penderfyniad fod cariad yn brofiad dymunol dros dro; ond fy mod i'n byw mewn byd lle y mae cariad yn gwbl ddiystyr, ond yn unig fel ffactor biolegol, peth hwylus i barhau'r hil.

DORA: Dewi, mi ddalia i, os na chaiff y plismyn hanes amdanat ti cyn pen tridiau, y dôn nhw yma gyda gwarant i chwilio'r tŷ. Wedyn mi fydd dy siawns ola di i leihau dy gosb wedi mynd.

DEWI (*yn araf benderfynol*):
Dydw i ddim yn mynd yn ôl i'r carchar.

JOHN (*gan geisio ysgafnhau'r tensiwn*):
O ran hynny, does neb yn *mynd* i'r carchar. Cael ein cario yno, fwy na thebyg, y byddwn ni'n tri.

DEWI (*gan wasgu ei sigarét ar y ddysgl*):
Dad, roedd hi'n treisio bwrw acw un bore ryw wythnos yn ôl. Gan hynny, yn lle mynd allan i'r iard am ymarfer, yr oedd yn rhaid inni gerdded o gwmpas y galeri gul sydd ar bob llawr o flaen y celloedd. Mae rhwydau'n hongian ar draws y neuadd dan bob galeri er mwyn dal y rheini sy'n ceisio'u taflu eu hunain yn farw i'r llawr. Roedd un llanc yn ei gell yn gwrthod martsio. Mi safodd yng nghornel ei gell a dau bot nos, un ym mhob llaw, yn herio'r swyddogion. Roedd hi'n amlwg ei fod o wedi colli arno'i hun. ...Wel, mae gan y swyddogion eu techneg. Daeth dau o'r rhai ifainc ymlaen a ffyn trymion yn y naill law, a'r ddau'n dal matras gwely trwm o'u blaen. Dyma ruthro ar y llanc a'i gladdu dan y matras. Cyn pen deng munud yr oedd o wedi ei blastro â ffonodion, a'i adael yng nghell y gwallgo. Does dim cerpyn o ddillad gwely na chelficyn o fath yn y byd yn y gell honno...Wythnos wedyn roedd o'n ôl yn ein plith ni yn ddistaw iawn. Mi ofynnodd rhywun iddo be wnaethon nhw iddo yn y gell unig. Atebodd o ddim. Mi ddaeth hi'n awr ginio. Ar ôl tri mis rydyn ni'n cael cinio wrth y byrddau ar lawr y neuadd. Roedd yntau'n eistedd nesa ata i ddoe. Pan ddaeth y platiau a'u rhannu o gwmpas, mi

31

gymerodd hwn lafn rasal o'i boced a tharo ei aeliau a'i lygaid nes eu bod nhw'n sboncian ar y platiau, darn o'i lygaid ar fy mhlat i, a'r gwaed yn pistyllu ar y bwrdd. Fe'i cymerwyd o i'r ysbyty. Fwytaodd neb ginio. Bore heddiw mi redais i odd'na yn y niwl...a dod adre......

(Tawelwch llwyr am funud)

Mam, roedd 'na Feibl yn arfer bod yma bob amser... Ble mae o?

(Mae Dora'n cael y Beibl a'i estyn iddo)

......Dyma fo, llyfr y cyfamod...Ar hwn maen nhw'n tyngu llw i'w celwyddau yn y llys barn...O'r gorau, a'r Beibl hwn yn fy llaw, rydw i'n tyngu llw...nad...â i... ddim yn ôl i'r carchar...doed a ddelo...
(Y mae o'n torri i lawr i wylo'n ddilywodraeth a digywilydd fel plentyn...Mae'r ddau yn edrych arno ac yna mae Dora yn mynd ato i'w anwylo ac y mae'r

LLEN YN DISGYN.

ACT 11

Yr un noson, tua 10.15.

Daw Dewi i mewn drwy'r drws chwith gyda BET.

DEWI: Mo ddoist heb drwbwl?

BET: Dim trwbwl yn y byd.

DEWI: Dros y caeau?

BET: Mi ddois ar hyd y ffordd fawr drwy'r pentre ac wedyn ar hyd y lôn yma.

DEWI: Welaist ti ddim plismyn?

BET: Mae'r plismyn yn siŵr o fod yn gwylio'r caeau amdanat. Roedd y pentre a'r lôn yn rhydd. Heblaw hynny mi all merch y ficer alw i weld gwraig y gweinidog am ddeg ar gloch, debyg gen i.

DEWI: Dyro dy gôt i mi.

(Mae hithau'n tynnu ei chôt a'r ffunen am ei phen ac yn ysgwyd ei gwallt yn rhydd. Mae hi'n ferch hardd tua'r ugain oed. Mae Dewi'n rhoi ei dillad hi ar gadair)

BET: Roedd dy hanes di yn y newyddion ar y teledu heno.

DEWI: Be ddwedson nhw?

BET: Iti ei gloywi hi yn y niwl a bwrw rhyw drafeiliwr yn ei ben a mynd a'i gar o.

DEWI: Ac wedyn?

BET: Rhoi rhif y car a gofyn am unrhyw wybodaeth.

DEWI: Wyt ti'n fy ffieiddio i?

BET: Ti ddaru fy ffônio i.

DEWI: Mentro.

BET: A dyma fi.

DEWI: Mae fy mywyd i yn dy law di.

BET: O'r gorau. Dyro gusan imi.

(Cofleidio a chusanu)

......O Dewi!

DEWI: Sigarét?

BET: Diolch.

(Mae ef yn tanio a'r ddau yn smocio)

DEWI: Does gen i ddim diod yma. Tŷ gweinidog.

BET: Does gen innau ddim acw. Tŷ'r ficer.

(Mae'r ddau yn chwerthin...saib)

33

DEWI:	Wel?
BET:	Wn i ddim sut mae dechrau, Dewi.
DEWI:	Na finnau.
BET:	Mae dy weld di...fel deffro o hunllef. Ie, hunllef.
DEWI:	Fuost ti'n poeni?
BET:	Paid â dechrau fel yna.
DEWI:	Y peth gorau ydy cychwyn fel y bydd pobl mewn sosial. On'd ydy hi'n noson gas? Ddaru ti lychu wrth ddwad?
BET:	Naddo, diolch yn fawr, syr. Doedd dim glaw. Lychais i ddim.
DEWI:	A sut mae'r ficer y dyddiau yma? Ydy o'n cael iechyd?
BET:	Rhyw fymryn o beswch reit hwylus. Newydd fynd i'w wely. Gan amlaf tua'r unarddeg y bydd o'n clwydo.
DEWI:	Rwyt ti'n para i gadw tŷ iddo fo?
BET:	Does gen i ddim dewis a Nain wedi marw.
DEWI:	Ei di ddim yn ôl i'r coleg?
BET:	Go brin y gallwn i ei adael o. Wn i ddim. Mi hoffwn fynd yn ôl... A thithau?
DEWI:	Beth?
BET:	Ei di'n ôl i'r coleg?
DEWI:	Go brin.
BET:	Mi fyddai 'na ias mewn mynd yn ôl.
DEWI:	Ias?
BET:	Neu wefr. Dyna dy eiriau mawr di bob amser. O ias i ias neu o wefr i wefr yr oedd byw...Feddyliais i'rioed dy fod di gymaint o ddifri.
DEWI:	Athroniaeth, wel'di. Ar ôl Marx nid deall y byd ond newid y byd y mae athroniaeth.
BET:	Rwyt tithau wedi newid dy fywyd.
DEWI:	Does dim mynd yn ôl. Mi adewais i goleg arall y bore heddiw, heb orffen ond tri mis o'r cwrs.
BET:	Doedd y cwrs ddim wrth dy fodd di?
DEWI:	Gwnïo bagiau post fore, nawn a hwyr. Mi ddysgais lot am argyfwng gwacter ystyr.
BET:	Dyna pam...?
DEWI:	Dyna pam does dim mynd yn ôl.
BET:	Mae arna i ofn gofyn fy nghwestiwn nesaf......

DEWI:	Wrth gwrs. Beth wyt ti'n ei roi i'r ficer ar gyfer ei beswch?
BET:	Petai gen i arsnic, mi rown i lond cwpan ohono i ti y funud yma.
DEWI:	Paid â siarad yn wamal am bethau difrifol. Hynny fyddai orau imi.
BET:	Paid dithau â siarad o ddifri am bethau digri. Sbri a chwerthin oedd tri chwarter ein caru ni. O bydded i'r hen iaith barhau.
DEWI:	Hyd yn oed ar ôl tri mis o garchar!
BET:	Ydy o wedi lladd hiwmor iti?
DEWI:	Anodd deud. Yn y carchar mae malais yn rhan o bob chwerthin. Y rhai nad ydyn nhw ddim yn llawn llathen, rheini'n unig sy'n chwerthin yn hapus.
BET:	Paid â thorri dy galon. Mae hynny'n wir am eglwys a chapel a hostel merched yn y coleg. Dynion sydd yn y carchar hefyd.
DEWI:	Lle mae dynion mae uffern.
BET:	Ac weithiau, am hanner awr, pan nad oes ond dau, cip ar y nefoedd.
DEWI:	Wyt ti'n meddwl fod siawns imi fedru dianc i'r America?
BET:	Dyna dy nefoedd di?
DEWI:	Dydy hi ddim mor gyfyng yno ag yn y carchar. Rhagor o le.
BET:	Pa bryd wyt ti'n bwriadu cychwyn?
DEWI:	Y mis nesaf yma.
BET:	Faint o arian sy gen'ti?
DEWI (gan dynnu arian o'i boced):	Tri swllt a grot.
BET:	Ble cefaist ti gymaint?
DEWI:	Gweddill arian y trafeiliwr.
BET:	Druan bach.
DEWI:	Fi neu'r trafeiliwr?
BET:	Y ddau, am wn i.
DEWI:	Mi rown i lawer am fod yn ei le o.
BET:	Diolch, syr, am y *compliment*.
DEWI:	Dyna pam rown i'n meddwl am fynd i'r America.

BET:	Roeddit ti'n fwy gwreiddiol na hynny gynt. Mae pawb sy'n ffoi rhag y gyfraith am fynd i'r America.
DEWI:	Pawb? Llais y mwyafrif yw llais Duw. Mae pawb yng Nghymru'n credu hynny.
BET:	A phawb yn y carchar?
DEWI:	Rhai od ydan ni yn y carchar. Mae'r corff yn wancus fel gwanc angau, er eu bod nhw'n rhoi dôp yn y coco i gadw ysbryd dyn yn isel a dof. Ond does neb yn y carchar yn meddwl fod bod yno yn rhan o'i fyw o. Rhyw ysbaid yn y canol, rhwng byw a byw, ydy o. Am ail-gychwyn byw wedi iddo orffen ei sbel yno y mae pawb. Hyd yn oed y rheini sydd yno am oes.
BET:	Tithau hefyd?
DEWI:	Heb hynny pwy fasai'n dianc?
BET:	Ond roedd o'n brofiad?
DEWI:	"Mwya fydd dyn byw, Mwya wêl a mwya glyw."
BET:	Chefaist ti ddim ias yno, ddim gwefr?
DEWI:	Yr ias orau a gefais i oedd gyrru odd'no yn y niwl bore heddiw.
BET:	Fel Monte Carlo?
DEWI:	Gwell na Monte Carlo. Yrrais i 'rioed yn well. Roeddwn i dros bont Gloucester, yr unig fan roedd'na berigl i'r plismyn fod yn aros amdana i, cyn i'r niwl godi. Wedi hynny roedd y ffordd yn hawdd a minnau'n canu...Canu, wyddost ti!
BET:	Oedd y wlad wedi dychryn?
	(Mae'r teleffôn yn canu)
DEWI:	Y plismyn eto fyth!
BET:	Ga i ateb?......
	(Mae hi'n codi'r teleffôn ac yn heneiddio'i llais)

...Tan-y-fron dau-tri -saith...Mrs. Rhys yma...Beth? Beth?... Mae'n ddrwg gen i, dydw i'n dallt dim ddwedwch chi...Susneg? Dim gair...O mi fedrwch Gymraeg?...Dyna chi 'ngwas i, beth ydy'ch negas chi ...Riportar! ...Beth ydy riportar?...Y *Mercury*... ? Chlywais i 'rioed am y *Mercury*...Papur bob dydd? Cato pawb, oes 'na bobol yn gweld papur newydd bob dydd?... Yn y *Goleuad* y bydda i'n cael y newyddion, ylwch chi...Ie, ie, byw yn y wlad, gwraig i weinidog...

Be glwsoch chi?...Fu'r plismyn yma? Do siŵr, can-
noedd ohonyn nhw drwy'r dydd fel brain yn nythu...
Ie, chwilio am y mab, medden nhw...Oes gen i syniad
lle mae o?...Mi gawson ni delegram oddi wrtho fo,
welwch chi....Ddaru ni ddangos y telegram i'r plismyn?
Dim perig, telegram preifat i'w fam oedd o...Beth oedd
yn y telegram?...Wel, ydach chi'n dallt, dim ond enw'r
ferch yna...Pa ferch? Y ferch y rhedodd o i ffwrdd
i'w chyfarfod hi...Ia, er mwyn cwarfod y ferch y rhed-
odd o...Gewch chi roi enw'r ferch yn y papur?...Cewch
am wn i...Rhoswch imi edrych ei henw hi yn y tele-
gram...Ia, dyma fo, Goto Hell...Reit debyg i'r Tŷ
Hyll ar y ffordd i Gapel Curig, wyddoch chi...Be?...
Ei sbelio fo ichi...Eg-o-ti-o, Aitsh-e-ell... Sgŵp i chi
reit siŵr...Nos da, riportar...

*(Mae hi'n rhoi'r teleffôn yn ei grud ac y mae Dewi'n
ei chymryd yn ei freichiau a'r ddau yn dawnsio a
mwmial yr alaw...Wedyn—)*

DEWI: Diolch iti, Bet...Mae'na ambell funud o hyd, ambell
funud...

BET: Dewi, mae hi'n agos i chwe mis...

DEWI: Mi wn, mi wn.

BET: Sibrydion wrth y bwrdd swper yn yr hostel oedd y
peth cynta glywais i. Doedd neb o'r merched yn
barod i siarad yn blaen. "Glywaist ti rywbeth am Dewi
Rhys?" dyna'r cwbwl, a throi i ffwrdd.

DEWI: Mae'n gas gen i ferched. Does gan ddyn ddim arfau
yn eu herbyn nhw.

BET: Yn y papur fore drannoeth y gwelais i hanes dy restio
di.

DEWI: Fedrwn i ddim gofyn i'r inspector dy wa'dd di i'r
stesion.

BET: O hynny hyd at heno, hyd at y teleffôn heno, dim
un gair...Llen haearn...Ar ôl tri mis o fod allan gyda'n
gilydd ran o bob dydd.

DEWI: Fedri di ddim gweld mai dyna pam?

BET: Er hynny mi ffôniaist heno.

DEWI: Roedd hi'n berig...Ond fedrwn i ddim peidio...M
ddoist.

37

BET:	Wyt ti'n...
DEWI:	Beth?
BET:	Wyt ti'n fy nirmygu i...am imi ddod?
DEWI:	Dirmygu!

(Y mae ef yn cychwyn tuag ati ond y mae hithau'n codi ei llaw i'w atal)

BET:	Na. Paid. Rhaid inni siarad o ddifri, nid chwarae.
DEWI:	Chwarae, Bet!
BET:	Nid er mwyn fy ngweld i y daethost ti adre.
DEWI:	Roeddwn i *am* dy weld di.
BET:	Debyg iawn. Ond ar ôl cyrraedd y daeth hynny i'th feddwl di. Roedd'na wefr yn y sioc.
DEWI:	Y mae caru *yn* wefr. Fedri di mo'i wadu.
BET:	Tybed nad ydy cogio caru yn wefr hefyd?
DEWI:	Mi wn. Rydw i wedi dy frifo di.
BET:	Roedd yn dda gen i am esgus i fadael o'r hostel a'r coleg. Do, mi ddaru ti fy mrifo i. Rydw i'n cyfaddef hynny. Fedrai neb arall fy mrifo i.
DEWI:	Mae hynny'n rhyw gysur.
BET:	Rwyt ti'n ffiaidd.
DEWI:	Ydw...Pam?
BET:	Am dy fod ti mor sicr ohonof i.
DEWI:	A thithau?
BET:	Nag ydw. Ddim yn sicr o gwbwl ohonot ti.
DEWI:	Be sy wedi sigo d'ymddiried di?
BET:	Oes rhaid gofyn?
DEWI:	Carchar? Fy mod i'n lleidr? Yn torri i mewn i siop-au? Wedi dinistrio fy ngyrfa, fy enw da? Fy mod i wedi dwyn gwarth arnat ti yn y coleg? Nad oes dim siawns rwan inni fyth briodi? Merch i ficer yn caru gyda chonfict!
BET:	Dos yn dy flaen, Dewi! Mi wyddost nad oes dim un o'th saethau yn cyffwrdd â mi.
DEWI:	Mi ddylen, wyddost ti. Maen nhw'n saethau a thipyn o flaen arnyn nhw. Wedi'r cwbwl, Cymraes o'r *bourgeoisie* wyt ti.
BET:	A thithau?
DEWI:	Minnau hefyd hyd at chwe mis yn ôl...Nid bellach. Esgymundod!

BET: Rwyt ti'n meddwl fod hynny yn fy siocio i?

DEWI: O'r gorau, beth sy gennyt ti yn f'erbyn i?

BET: Mae arna i gwilydd deud.

DEWI: Siarad o ddifri, ddwedaist ti, nid chwarae.

BET: Yr hyn sy gen i yn dy erbyn di ydy fy mod i wedi colli 'nghalon iti, wedi dy garu di, *yn* dy garu di...a dydw i ddim yn gwybod y funud yma ydy hynny'n cyfrif o gwbwl yn dy fywyd di.

DEWI: Am na sgwennais i ddim? Am imi wrthod dy weld di cyn y llys? Roeddit tithau yno, yn y galeri, yr ail sêt oddi wrth y drws. Mi sefaist i fyny ar unwaith ar ôl i'r barnwr gyhoeddi'r gosb. Edrychais innau ddim arnat ti na rhoi arwydd imi dy weld di.

BET: Taw, Dewi taw!

DEWI: Beth arall?

BET: Yn yr achos yn dy erbyn di fe roddwyd pum dyddiad, pum noson y torraist ti i mewn i siop neu garej a lladrata. Tair o'r nosweithiau hynny roedden ni gyda'n gilydd o chwech ar gloch nes ei bod hi'n awr cau'r hostel. Wedyn roeddit ti'n fy ngadael i ac yn cychwyn ar dy fotor-beic...

DEWI *(dan wenu)*:
Oeddit ti am ddod gyda mi?

BET: Mi fuasai hynny'n well na chael fy nhwyllo fel plentyn.

DEWI: Thwyllais i 'rioed monot ti, hogan, erioed. Bron na fedra i ddweud mai ti ydy'r unig un, yr unig un, na thwyllais i ddim o fwriad erioed. Damia ti!

BET: Paid â deud y pethau rydw i'n erfyn am eu clywed... Fedra i mo'u dal nhw...
(Mae hi'n chwythu ei thrwyn ac yn sychu ei llygaid ac wedyn yn troi yn ddig arno)
...Mae'n gas gen i chwthu fy nhrwyn...Oni bai ti fydd- ai ddim rhaid imi.

DEWI: Heb os nac onibai...Wyt ti'n mynd i'r eglwys o hyd?

BET: Fi sy'n canu'r harmoniwn yno.

DEWI: Er mwyn dy dad?

BET: Yn rhannol, efalle.

39

DEWI:	Roeddwn innau ar wyliau o'r coleg yn mynd i'r capel er mwyn Dad a Mam, rhag eu brifo nhw. Mae hynny'n rong. Dyna lle mae twyllo'n dechrau.
BET:	Rydw i'n meddwl yr awn i' i'r eglwys ar wahan i Tada.
DEWI:	Fedri di gredu yn y stwff?
BET:	Does gen i mo'r help. Mae o yn fy ngwaed i.
DEWI:	Dyna dy ddadl di ers talwm. Dwyt ti ddim wedi newid?
BET:	A thithau'n dadlau'n ffyrnig fod Duw wedi marw.
DEWI:	Ac wedyn mynd yn syth i dorri i mewn i garej. Praw pendant fod moesoldeb heb grefydd yn amhosib. Gan hynny y mae Duw yn bod a charchar yn lles.
BET:	Ddywedais i rioed ddim byd o'r fath. Nac edliw dim i ti. Wnes i erioed gwrs mewn athroniaeth.
DEWI:	Dyna edliw rwan.
BET:	Yr unig edliw a wnes i oedd iti fy nghadw i allan o'th gyfrinach a'th fywyd.
DEWI:	Dywed di hynny wrth dy dad. Mi atebith y ficer mai dyna'r unig beth anrhydeddus a glywodd o amdana i yn ei fyw.
BET:	Beth oedd y cwbwl, Dewi? Jôc?
DEWI:	Sigarét eto?
BET:	Na.
	Dewi'n tanio yna cerdded a dyfod yn ôl ati.)
DEWI:	Yr oedd o'n jôc tra parhaodd o. Eistedd arholiad mewn cymdeithaseg yn y bore, a gwneud job mewn *supermarket* yr un noson. Amrywiaeth hyfryd, ac eto gweld y cysylltiad rhyngddyn nhw.
BET:	Beth arall? Ias? Gwefr?
DEWI:	Rargian fawr! Fel dringo ar lethr amhosib a chrafangu am fan i gydio. Mi fyddai pob nerf yn fy nghorff i fel tant telyn. Mi gysgwn i ddiwrnod cyfan yn y gwely wedi gorffen job, cysgu fel plentyn, fy nerfau i wedi eu llethu'n lân...Mi fûm i fel yna 'rioed, yn byw ar fy nerfau, ac weithiau mi fyddan yn torri'n yfflon a 'ngadael i'n crïo fel plentyn...Dim ond weithiau.
BET:	Beth oedd yn dy gorddi di? Nid yr arian. Fe gawson nhw bron y cyfan o'r arian yn dy ddesg di.

DEWI:	Mi fûm yn ffŵl efo'r arian. Mae arna i gywilydd o hynny y funud yma. Mae bod yn onest efo arian yn cael ei osod yn safon o foesoldeb bourgeois yng Nghymru. Fe'i clywch o mewn cynhebrwng, "Mi dalodd ei ffordd yn onest. Adawodd o ddim dyled i neb." Onest! Mae sŵn caethwasiaeth taeog yn y gair. Taeogrwydd yr efrydwyr bach Cymreig yn y coleg sy'n edrych ymlaen heb gas nac arswyd at ddeugain mlynedd o fod yn athrawon ysgol, a phensiwn bach yn seren o'u blaen nhw hyd at derfyn y daith. Caethwasiaeth!
BET:	Felly gwrthryfel oedd y man cychwyn? Gwrthryfel yn erbyn ofn a diffyg antur Cymru?
DEWI:	Mi fu hynny'n help.
BET:	Help? Nid dyna'r cychwyn?
DEWI:	Nid dyna'r cychwyn.
BET:	Dewi, mae gen i hawl i wybod be ddaru dy gychwyn di.
DEWI:	Oes, debyg.
BET:	Wel?
DEWI:	Ti.
BET:	Fi?......Amhosib.
DEWI:	Wyt ti'n cofio'r cyfarfod yn llythyrdy Dolgellau,—pan ddaru ti a'th gyfeillion eistedd i lawr yn y swyddfa i brotestio yn erbyn y dirmygu ar yr iaith Gymraeg yno?
BET:	Rydw i'n cofio'r diwrnod yn iawn.
DEWI:	Roeddit ti wedi deud dy fod ti am fynd gyda'r orymdaith.
BET:	A thithau'n ffyrnig yn erbyn ac yn taeru mai mynd i'r gwellt yr oedd pob ymgyrch o'r fath yng Nghymru. Nad oedden nhw ddim o ddifri.
DEWI:	Mi es i ar dy ôl di i gael gweld.
BET:	Be welaist ti?
DEWI:	Mi welais y plismyn yn dy gario di a'r lleill allan o'r swyddfa a'ch taflu chi ar lawr y sgwâr. Mi welais garidyms Dolgellau yn dy gicio di a'th dynnu di wrth dy wallt a'r lleill yr un modd. Mi welais y plismyn yn gadael iddyn nhw a thyrfa'n sefyll yn segur fel finnau heb symud bys i'ch amddiffyn chi.
BET:	Chefais i ddim llawer o niwed, Dewi.

DEWI:	Efalle naddo. Mynd yno wnes i i weld a fedra Cymru roi gwefr mewn bywyd imi. Mi es odd'no'n fflamio, yn rhegi'r byd a'r betws, a Chymru. A'r nos Sul wedyn mi dorrais i mewn i garej a lladrata ugain punt.
BET:	Er mwyn dial ein cam ni?
DEWI:	Nage, nid dial cam neb. Ond er mwyn fy nhorri fy fy hun am byth oddi wrth bobol mor ferfaidd nad oes ganddyn nhw ddim parch i'w gwlad na'u hiaith, am nad oes ganddyn nhw ddim parch iddyn nhw eu hunain.
BET:	Rwyt tithau hefyd felly'n genedlaetholwr?
DEWI:	Lol botes! Fedra i ddim bod yn genedlaetholwr lle mae'r genedl wedi marw, hen farw.
BET:	Cymraes ydw i.
DEWI:	Mi wn. Mae'r peth yn drewi.
BET:	Roeddwn i'n meddwl fod dy gusan di braidd yn fyr.
DEWI:	Rwyt ti'n dy gysegru dy hun i bethau sy'n farw neu ar farw. Duw, crefydd, eglwys neu gapel, Cymru, yr iaith Gymraeg,—dyna dy fyd di. Cred di fi, mae Capel Celyn dan y dŵr yn ddameg o dynged Cymru a'i holl gapeli.
BET:	Fedra i ddim gwadu mai dyna'r perig. I mi hefyd llwfrdra Cymru, nid Corfforaeth Lerpwl, fradychodd Gapel Celyn. Ond wedyn...beth ydy dy ddewis dithau?
DEWI:	Be sy'n aros i ddyn heb genedl, heb ddim i gredu ynddo, heb ddim i fod yn ffyddlon iddo—
BET:	Dim i fod yn ffyddlon iddo?
DEWI:	Does dim ond unpeth yn aros heblaw Comiwnyddiaeth, —fo'i hunan. Fedra i ddim troi'n gomiwnydd. Mae Cymru wedi cael llond ei bol o Biwritaniaeth. Piwritaniaeth heb Dduw ydy rheol bywyd Comiwnyddiaeth. A'r rhyfel niwclear yn aros i ddinistrio'r sail. Na, rhaid i mi greu fy ystyr fy hun i fywyd. Rhaid imi ddewis, a thrwy ddewis sefyll fy hunan yn wyneb byd a chymdeithas, troi byw yn sialens ac yn wefr. Herio cymdeithas, herio cyfraith a barn, dewis bywyd troseddwr a herwr. Dyna'r ateb i argyfwng gwacter ystyr. Roedd gan Hitler wlad a chenedl i chwarae gyda nhw

a rhoi iddo ias byw, ac wedyn darfod o'i fodd. Does
gen i ddim, dim ond fy mywyd fy hunan. Fi ydy
Cymru Fydd!

BET: Ust!...Motor-beic yn y lôn...Yr adeg yma o'r nos!

DEWI: Jones y plismon.

BET: Dydy o ddim yn pasio...Mae'n dod yma...Dyma fo!
(*Curo trwm ar ddrws y tŷ*)

DEWI: Mae Dad yn mynd i agor...Dacw fo ar y grisiau.

BET: I'r gegin a thi ar unwaith...Mi safaf innau yma.
(*Exit Dewi, chwith. Mae Bet yn tanio sigarét ac yn
sefyll yn hunanfeddiannol wrth y tân yn wynebu'r
ystafell. Egyr y drws canol. Llais John Rhys:"Ewch
i mewn." Daw Jones i mewn a'i helmet dan ei fraich,
nodio ar Bet. Hithau'n plygu ei phen fodfedd. Daw
John y tu ôl i'r plismon, gweld Bet, cael sioc o fraw
mawr, ei orchfygu ei hun cyn i'r plismon weld dim*)

BET: Mae Mrs. Rhys wedi mynd i'r llofft, Mr. Rhys.

JOHN: Mae gennych chi newydd imi, Cwnstabl?

BET: Ydw i ar y ffordd, Mr. Rhys?

JOHN: Na, arhoswch, Miss Edward. Does gan y cwnstabl ddim
na fedrwch chithau ei glywed. Erbyn hyn mae o'n
ymwelydd cynefin.

JONES: Reit answyddogol y tro yma, syr. Mi welais i'r golau
yn eich stydi a meddwl eich bod chi yno'n poeni a
phryderu, a chithau'n weinidog yn y lle 'ma. Medd-
wl wedyn na fyddai dim drwg o roi gair o newydd
ichi.

JONES: Dyna beth ydy bod yn garedig. Oes rhyw gysur yn y
newydd?

JONES: Gobeithio bod. Ar y cyntaf cael tipyn o ddychryn
ddaru'r plismyn. Wedyn, wedi peth chwilio, casglu
nad oedd dim anhapus wedi digwydd.

JOHN: Dim anhapus?

JONES: Mae'r heddlu wedi dod o hyd i gar y trafeiliwr.

JOHN: Tewch, da chi!...Go dda, wir. Cyflym hefyd...Heb
ei niweidio?

JONES: Wn i ddim yn siŵr. Mwy na thebyg.

JOHN: Ble cafwyd o?

43

JONES: Wel, dyna fo, syr. Does gen i ddim caniatád i ddeud ym mhle. Mi gawson ni rybudd i beidio â deud tan yfory. Ond cha i ddim drwg o ddeud cymaint â hyn yn breifat wrthych chi: llai na deng milltir oddi yma.

JOHN: Wel, Wel!

JONES: Mae'n weddol sicr na chafodd y gyrrwr ddim unrhyw niwed.

JOHN: Ar ei ffordd adre yr oedd o felly. Mae hynny'n rhyw gymaint o gysur.

JONES: Mwy na thebyg. Wrth gwrs, fedrwn ni ddim bod yn siŵr. Mi allai fod rhyw beth arall yn ei dynnu. Ond o gwmpas yma y mae'r inspector yn disgwyl ei gael o yn y t'wyllwch heno...Does gennych chi ddim perthnasau yn yr ardaloedd yma, Mr. Rhys?

JOHN: Neb yr ochr yma i afon Menai.

JONES: Na Mrs. Rhys chwaith?

JOHN: Neb o fewn deng milltir.

JONES: Dyna fo. Weithiau mae'na erill heblaw perthnasau... Os down ni o hyd iddo fo, dydw i'n amau dim na chewch chi glywed reit sydyn. Fy marn i ydy y bydd eich pryder chi ar ben yn bur fuan.

JOHN: Beth fydd y drefn wedyn?

JONES: Mynd â fo i'r dre gynta. Mae'n bosib y cewch chi gennad i'w weld o.

JOHN: Mewn amgylchiadau go drist.

JONES: Roeddwn i'n meddwl y cysgech chi'n well, fealle, o glywed cymaint â hynny.

JOHN: Rydych chi'n garedig. Mae cael cwnstabl yn y pentre sy'n gymydog yn gysur...Oes rhyw newydd pellach am y trafeiliwr?

JONES: Gweddol gysurus. Mi fydd o wedi mendio digon, reit siŵr, i dystio yn y llys.

JOHN: Wrth gwrs! Fe fydd llys arall.

JONES: Petawn i'n cael cynnig awgrym, Mr. Rhys...

JOHN: Mi fydda i'n ddiolchgar am unrhyw help.

JONES: Cael seiciatrydd i'w archwilio fo fyddai'r siawns orau i'r amddiffyn. Mi glywais i am fardd-bregethwr ers talwm. Roedd rhywbeth chwithig yn hynny hefyd.

44

Ond Duw a'n helpo ni, lleidr-athronydd! Fedr hynny ddim bod yn normal.

JOHN: Ie, yn'te? Ond pwy ohonon ni yn y wlad yma heddiw sy'n normal?

JONES *(gan droi i fynd):* Ga i ofyn, Miss Edward, sut mae'r ficer?

BET: Wedi cael rhyw bwl o annwyd, Mr. Jones.

JONES: Roedd Mrs. Roberts, sy'n gweithio i chi, yn deud iddi hi'ch clywed chi'n ffônio am y doctor heno. Mae hi'n byw drws nesa i mi. Roedd hi'n meddwl i chi gael tipyn o ddychryn.

BET: Wel, do, tipyn...Nos da i chi.
(Exit Jones a John. Bet yn diffodd ei sigaret yn anniddig. Dychwel John)

JOHN: Bet!

BET: Mae'n enbyd o ddrwg gen i, Mr. Rhys.

JOHN: Mi fûm i o fewn y dim i'w fradychu o

BET: Mae gennych chi well nerfau na'ch mab. Gwell ganwaith na mi.

JOHN: Dim ond lwc fy mod i'r tu ôl i'r plismon.

BET: Roedd yn rhaid imi aros yma. Mi wyddai'r plismon mai yn y stydi roeddech chi.

JOHN: Fydda i fyth yn tynnu'r llenni ar ffenestri'r stydi.

BET: Roedd yn naturiol i mi fod yn smocio yma ac yn gwmni i Mrs. Rhys. Ddwedsoch chi na mi ddim celwydd.

JOHN: Pa bryd y daethoch chi?

BET: Tua deg ar gloch.

JOHN: Mi wyddech amdano?

BET: Dewi ddaru ffônio oddi yma. Roeddwn i'n ffônio at y doctor ryw funud yn gynt. Neu Mrs. Roberts fyddai wedi ateb y ffôn.

JOHN: Ydy'ch tad yn gwybod?

BET: Imi ddod yma?

JOHN: At Dewi?

BET: Nag'dy. Mi aeth i'r gwely'n gynnar oblegid ei annwyd.

JOHN: Chlywodd o mo'r hanes felly?

BET: Welodd o mo'r teledu na chlywed y newyddion.

JOHN: Rydw i'n rhoi'ch tad mewn profedigaeth.

45

BET:	Chi? Sut, Mr. Rhys?
JOHN:	Mae pob un ohonon ni yma heno'n torri'r gyfraith, yn cuddio troseddwr a farnwyd i garchar...O safbwynt y gyfraith mae'r peth yn drosedd go ddifrifol.
BET:	Ddaeth hynny ddim i'm meddwl i o gwbwl.
JOHN:	Mae'ch tad a minnau'n ffrindiau. Mi fu o'n garedig y tu hwnt i bob galw pan ddaeth yr hanes am Dewi allan gynta. Dyma finnau rwan yn dwyn helbul arno fo.
BET:	Rydw i'n dechrau deall Dewi. Mae'na ryw wefr, yn wir i chi, o dorri'r gyfraith.
JOHN:	Mae'ch tad yn ficer y plwy.
BET:	A chithau'n weinidog, Mr. Rhys. Mae hi'n ddrwg ar grefydd yng Nghymru!
JOHN:	Mae bod yn dad iddo fo yn rhwystro i mi weld yr ochr ddigri i'r sefyllfa.
BET:	Maddeuwch i mi, Mr. Rhys. Chi sy'n iawn. Dydy'r peth ddim yn ddigri. Dydw innau ddim yn ei weld o'n ddigri. Fel arall yn llwyr. Ond mae smalio am funud yn help...rhag crïo.
JOHN:	Mae'r plismyn yn cau o'n cwmpas ni.
BETï	Ydych chi'n meddwl mai gwneud cymwynas yn unig oedd amcan y cwnstabl rwan?
JOHN:	Rhaid iddo yntau ddal ar bob siawns i ddod yn ei flaen.
BET:	Roedd o'n holi dipyn hefyd.
JOHN:	Mae hi'n agos â mynd i'r pen ar y bachgen. Erbyn fory mi fyddan yn gwybod ei fod o yma.
BET:	Rhowch heno iddo fo, Mr. Rhys. Gadewch iddo fo gael heno.
JOHN:	Roedden ni wedi gorfod ystyried hynny, a chwaneg. Ei fam a minnau. Dyma chithau yma rwan a'r plismyn wedi'ch cael chi yma. Rydw i'n eich dwyn chi a'ch tad i mewn i helynt fy nheulu i.
BET:	Rydw i i mewn yn yr helynt o'r cychwyn.
JOHN:	Chi, Bet?... (Dim ateb)...Roeddwn i'n amau fod y plismon yn gwybod rhywbeth na wyddwn i...Bet, ydych chi a Dewi yn...yn fwy na ffrindiau? Ofynnais i rioed i Dewi...Mae'n iawn imi wybod rwan.

46

BET (*yn isel ddwys ond heb grïo*):
　　　Dyna pam yr ydw i yma...Fo alwodd...Be wna i, Mr.
　　　Rhys? Be wna i?...Petai o'n galw o Uffern, mi awn.
JOHN: Beth amdano *fo*?
BET: Wn i ddim.
JOHN: Ydy o'n eich—
BET: Peidiwch â gofyn hyn'na, Mr. Rhys. Dyna'r cwestiwn
　　　na feiddia i mo'i ofyn i mi fy hunan.
JOHN: Mae hyn yn newid popeth, Bet...Yn newid popeth.
　　　(*Daw Dewi i mewn o'r chwith*)
DEWI: O'r diwedd! Mi sleifiais i allan drwy'r cefn a'i wylio fo
　　　o'r ardd. Eistedd yn hir ar ei feic a llygadu'r tŷ...Oes
　　　'na olau yn llofft yr atic, Dad? Roedd o'n syllu i fyny
　　　yno'n arw, fel petai o'n disgwyl fy ngweld i ar ben y to.
JOHN: Llwch a llyfrau a hen ddodrefn sydd yno. Does dim
　　　golau chwaith.
DEWI: Mi wn. Mi fyddwn i'n chwarae mig gyda Mam ers
　　　talwm yno. Lle iawn i guddio.
JOHN: I blentyn. Nid i ddyn yn ei faint.
DEWI: Ydyn nhw'n amau, tybed, 'mod i yma?
JOHN: Ydyn.
DEWI: Rydych chi mor glonnog â chysurwyr Job.
JOHN: Cynnig cysur roedd y plismon.
DEWI: Ai e? Dod a'r newydd mod i wedi boddi?
JOHN: Go brin, ac yntau'n chwilio'r to amdanat.
DEWI: Rhesymeg! Roedd ganddo newydd felly?
JOHN: Maen nhw wedi dod o hyd i gar bach y trafeiliwr.
DEWI: Naddo?
JOHN: Do.
DEWI: Ddaeth yntau yma i ddeud hynny?
JOHN: Mi ddwedodd hynny.
DEWI: Leiciais i rioed mo'r dyn.
JOHN: Mae hi wedi canu arnat ti am ddianc odd'ma bellach.
DEWI (*gan gymryd arian o'i boced*):
　　　Dad, mi ddalia i dri swllt a grot yn erbyn chweugain
　　　fod gen i eto siawns.
JOHN: Rwyt ti'n ysbrydol odiaeth.
DEWI: Mae gweld plismon yn cefnu arna i yn codi nghalon i
　　　fel pryd o fwyd.

47

JOHN:	Mi'th welais di'n wahanol ddwy awr yn ôl.
DEWI:	Un oriog ydw i, Dad, oriog, oriog. Nid fel Bet.
JOHN:	Dewi, mae'na fryntni yn dy siarad di nad ydy cwmni'r carchar ddim yn esgus drosto. Gad lonydd i Bet.
DEWI:	Gadael llonydd iddi hi?...Mi wnawn petawn i'n dduwiol...Dydwi ddim yn dduwiol.
JOHN:	Roedd ffônio ati hi heno yn fwy creulon lawer na tharo'r trafeiliwr â haearn.
BET:	Arna i mae'r bai, Mr. Rhys. Fi fynnodd ddwad.
JOHN:	Does gen ti ddim trugaredd.
DEWI:	Trugaredd?
JOHN:	Dim.
DEWI:	Oes arnat ti eisiau trugaredd, Bet?
BET:	Mi fydd, efalle, fory.
JOHN:	Bet, mae'n ddyletswydd arna i ddeud wrthych chi rwan fod yn rhaid i chi roi diwedd ar hyn.
BFET	*(yn araf):*
	Mi wn i hynny, Mr. Rhys, mi wn i hynny.
JOHN:	Rydych chi'n mynd i wneud hynny rwan? Torri'n glir?
BET	*(yn drist derfynol):*
	Nag'dw.
	(Ystum o anobaith gan John)
JOHN:	Be sy'n aros imi ei wneud?...Er eich mwyn chi a'ch tad rhaid imi ffônio at y plismyn.
BET:	Rydych chi wedi addo iddo fo heno. Nid fel yma y byddwn ni'n siarad gyda'n gilydd, Mr. Rhys.
JOHN:	A'ch tad?
BET:	Mae Tada'n gwybod. Ar ôl y llys mi ddaru mi arllwys y cwbwl arno.
JOHN:	Be ddwedodd o?
BET:	Ddwedodd o fawr...Ficer, nid pregethwr.
JOHN:	Mi fyddai'n well i chi fynd adre rwan.
BET:	Byddai, mwy na thebyg...A ga i aros ychydig, Mr. Rhys? Chwe mis yn ôl...yn y coleg...cyn bod awgrym o helbul,—fu dim gair rhyngon ni ers hynny.

JOHN: Mi'ch gadawa i chi. Bendith arnoch chi, 'ngeneth i...
Os medrwch chi berswadio'r bachgen yma i alw'r plismyn ei hunan ben bore fory, mi all leddfu dipyn ar ei gosb o.

(Exit John...Mae Dewi'n dechrau chwerthin)

BET: Dim un gair rwan am dy dad.

DEWI: O'r gorau'r ledi fawr...Am beth siaradwn ni?

BET: Am y dyfodol, wrth gwrs.

DEWI: Oes dyfodol?

BET: Chawn ni ddim cyfle ar ôl heno.

DEWI: Felly rwyt tithau'n meddwl fod siawns imi ddianc i'r Merica?

BET: Am y dyfodol ddwedais i. Nid am nofelau.

DEWI: Heb y dychymyg does dim dyfodol.

BET: Athroniaeth ydy hyn'na. Mi wn i y bydd yr haul yn codi fory ac y daw'r plismyn yma i chwilio'r tŷ, dychymyg neu beidio.

DEWI: Does dim cymaint â hynny o wefr yn dy ddyfodol di. Braidd yn fflat y gwela i o.

BET: Merch ydw i.

DEWI: Wyddost ti, mi fûm innnau'n amau hynny ers tro.

BET: Nid dychmygu'r dyfodol yn unig y mae merch, ond llunio'r dyfodol, cario'r dyfodol, magu'r dyfodol. I hynny mae ei chroth hi'n da.

DEWI *(eironig)*:
Miss Edward, mae rhyw sŵn fel clychau priodas yn dy eiriau di...Dwyt ti ddim wedi trefnu i briodi?

BET: Ydw, Dewi...Oes ots gen'ti?

DEWI *(braidd yn nonplws)*:
Wel, ar ôl y siarad heno, rhaid imi gyfadde fod y newydd braidd yn od.

BET: Mae'n ddrwg gen i. Ond amdanat ti roedd yr holl siarad. Chefais i fawr o siawns i sôn llawer amdanaf fy hun.

DEWI: Ga i fod mor hy â gofyn, pwy ydy'r gŵr ifanc anffodus?

BET: Roeddwn i'n ei nabod o yn y coleg.

DEWI: Ydw i'n ei nabod i?

BET: Wn i ddim...Mae'n amheus gen i.

DEWI: Wel, pwy ydy'r cythraul?

BET: Ti.

DEWI (*wedi ysbaid o wenu a cherdded*):
      Ti enillodd honna.

BET: Na, dydy'r chwarae ddim ar ben.

DEWI: Merch i ficer...?

BET: Mab y mans... Undeb ecwmenaidd.

DEWI: Yn priodi lleidr, dyn ar ffo o'r jêl, confict.

BET: Paid â bod mor gonfensiynol, mor bourgeois, mor Gymreig!

DEWI: Confensiynol? Ti sy'n sôn am briodi.

BET: I eneth mae gwefr mewn priodi. Ac nid confensiwn ydy sacrament.

DEWI: Paid â nhemtio i, Bet. Mi fûm yn weddol anrhydedd-us gyda thi.

BET: Os dy demtio di ydy dy achub di, dy ennill di, does arna i ddim cwilydd dy demtio di.

DEWI: Wyddost ti ddim. Mochyn aflan ydw i.

BET: Rydw innau'n dy garu di ac mi wyddost hynny, y mochyn.

DEWI: Mae'r peth yn amhosibl bellach.

BET: Mae America'n amhosib. Mae rhamant bywyd yr herwr yn amhosib. Ond mi all cariad herio confesiwn a chymdeithas, ie a herio poen.

DEWI: Rwyt ti'n gofyn imi fynd yn ôl i'r carchar a'r gefynnau am fy mreichiau?

BET: Feiddi di? Oes genti ddigon o berfedd?

DEWI: Does gen'ti mo'r dychymyg lleia be rwyt ti'n ei ofyn.

BET: Does gen i ddim syniad. Ond, Dewi, edrychaist ti ar wallt dy fam? Chwe mis yn ôl roedd o'r un lliw â'th wallt di...Fedri dithau ddim treiddio i ddirgelwch y newid hwnnw.

DEWI: Wyddost ti dy fod ti'n drysu holl egwyddor fy mywyd i? Pob llw a dyngais i i mi fy hun?

BET: Ti ddaru ffônio. Nid fi.

DEWI: Roeddwn i wedi penderfynu taflu cariad allan o 'mywyd.

BET: Gwna hynny. Ond cymer fi.

DEWI: Wyt ti'n gall, dywed?

50

BET: Mae hi'n gyfyng arna i. Rydw i wedi gorfod taflu heibio holl wyleidd-dra merch. Am nad oes gynnon ni ond heno.

DEWI: Does gynnon ni ond heno. Heno ydy'n tynged ni.

BET: Mae arna i eisiau plant, Dewi, dy blant di. Rydw i am yr ias yna, cael canu hwiangerddi fy Nain i'th fechgyn di. Wyt ti'n gweld, os nad oes cenedl Gymreig iti fod yn ffyddlon iddi, rydw i am wneud un; a'i charu hi hefyd.

DEWI: Rwyt ti'n fy nghipio innau i mewn i'th freuddwyd ffôl.

BET: Wnei di ffônio'r inspector fory?

DEWI: Rhaid imi gael prawf, Bet.

BET: Prawf o beth?

DEWI: Y byddi di'n f'aros i os dof i allan. Does dim dianc eilwaith.

BET: Ohonon ni'n dau nid fi sy'n anwadalu.

DEWI: Rwyt ti'n gofyn imi ddewis dwy flynedd neu ragor o garchar, estyn fy nwylo o'm bodd i'r cyffion, plygu fy mhen, mynd yn ôl.

BET: Mynd yn ôl am mai dyna ddrws gobaith.

DEWI: Welaist ti rioed ddrws carchar o'r tu mewn.

BET: Mi fydda i yno pan ddaw'r bore i'w agor.

DEWI: Addewid i 'nghadw i rhag gwallgofrwydd?

BET: Fy hunan, gorff ac enaid, i'th gadw.

DEWI: Ar dy lw?

BET: Ar fy ngair, sy'n ddigon, os ei di'n ôl.

DEWI: Heno mae profi hynny.

BET: Profi?

DEWI: Sut y galla i fynd yn ôl heb gael prawf?

BET: Pa brawf a fedra i, Dewi?

DEWI: Rhaid imi gario'r cof amdano fel lamp yn fy mynwes drwy dywyllwch blynyddoedd y clinc.

BET: Dywed dy feddwl yn blaen.

DEWI: Aros gyda mi heno. Yn fy mreichiau i heno drwy'r nos. Heb hynny af i ddim yn ôl.

BET: Rydw i'n eneth hen-ffasiwn, Dewi. Trwy ddrws y sacrament y meddyliais i bob amser am hyn.

DEWI: Does gen i ond heno, Bet. Wyt ti'n dallt, does gen i ond heno. Heno ydy'n sacrament ni.

51

BET *(yn araf mewn poen)*:
      Os arhosa i heno?
DEWI: Mi gei ffônio'r inspector yn y bore.
BET *(heb wên yn estyn ei dwylo iddo)*:
      Addewid gŵr priod...?
DEWI *(gan gymryd ei dwylo heb gusan na gwên)*:
      I'w wraig.

LLEN.

ACT III.

Trannoeth, 7, a.m.

Mae John mewn hen gôt hir a beret am ei ben a menyg gwaith am ei ddwylo yn gorffen gosod tân a glanhau'r aelwyd. Daw Dora o'r gegin ac edrych drwy'r ffenestr. Y mae hi'n foreol syber mewn gŵn tŷ hardd.

DORA: Dydy hi ddim yn bwrw.

JOHN: Bore go lew.

DORA: Rwyt ti wedi tynnu'r llenni'n ôl.

JOHN: Does neb wedi marw yma hyd yn hyn...Mae hynny'n beth od hefyd.

DORA: Rhaid iddo fo aros yn y llofft felly.

JOHN: Fo?... Feddyliais i ddim am hynny...Rhaid, tra bydd o yma.

DORA: Does dim arall iddo fo. Mi fyddai'r plismyn yn sylwi ac yn galw petai'r llenni dros y ffenestri drwy'r dydd.

JOHN: Fe all eistedd yn y stydi. Mae hi'n ddiogel yno ond iddo beidio â sefyll yn y ffenest.

DORA: Mae arnon ni fwy o ofn y dydd na'r nos.

JOHN: Drwgweithredwyr.

DORA: Gyda'r nos mae tynnu'r llenni a chloi'r drysau yn noddfa.

JOHN: Rydw i'n amau a gaiff o ail noson yma.

DORA: Feddyliais i ddim am heno. Mae heddiw o'n blaen ni. Y bore 'ma.

JOHN: Y dydd wedi troi'n hunllef.

DORA: Fedra i ddim credu fy mod i'n paratoi brecwast i dri, ac yntau'n llechu fan acw, fel llwynog a'r cŵn ar ei drywydd. Ydy'r peth yn wir, dywed?

JOHN: Gofyn i Dewi. Fo ydy'r athronydd.

DORA: Dydy o ddim yn credu fod gwir.

JOHN: Rydw i'n cenfigennu wrtho.

DORA: Ti?

JOHN: Fo sy'n normal. Mae wyth o bob deg o bobl Cymru'n meddwl yr un fath ag o, nad oes dim byd yn wir.

53

DORA:	Dyna pam yr oedd yntau'n chwilio am rywbeth i roi gwefr yn ei fywyd?
JOHN:	Mae pobol erill yn cael hynny ar y set deledu, yng nghanu pop Saeson Lerpwl.
DORA:	Dianc rhag byw?
JOHN:	Methu byw. Dianc rhag y methu, rhag y diflastod beunyddiol diddiwedd. Rhaid bod yn eithafol o benchwiban i fwynhau bara beunyddiol.
DORA:	Cynnig cysur imi yr wyt ti? Dangos nad ydy bywyd Dewi ddim yn ddrwg i gyd?
JOHN:	Mae o'n fy nychryn i. Am na fedra i mo'i gondemnio fo. Dim ond bod yn biti gen i drosto fo, ac nad oes dim ymwared.
DORA:	Chysgaist tithau ddim neithiwr drwy'r nos.
JOHN:	Pwy fedrai gysgu? Glywaist ti'r plismon?
DORA:	A thithau'n mynd i lawr y grisiau i agor iddo. Roedd hi'n tynnu at unarddeg.
JOHN:	Gefaist ti ofn?
DORA:	Mae'n rhyfedd o beth, a minnau'n gwybod ei fod o'n cysgu fan yna, ei hunan bach, dan yr un to â mi, doedd curo'r plismon ddim yn cynhyrfu cymaint.
JOHN:	Mi ddwedais wrtho am ddod i mewn, ac agor drws y parlwr yma, heb ystyried am eiliad fod perigl.
DORA:	Perig?
JOHN:	Roedd Dewi yma yn y parlwr hanner munud cyn hynny.
DORA:	Nid perigl oedd hynny, ond cyfle.
JOHN:	Na, na. Mi fyddai fel llygoden mewn trap.
DORA:	Ond yn ddiogel.
JOHN:	Fedra'i mo'i achub o trwy dric.
DORA:	Tybed?
JOHN:	Beth wyt ti'n ei feddwl?
DORA:	Does dim un tric na fyddai'n deg i'w achub o...Ond peidio â gwneud cam â neb arall.
JOHN:	Nid tric i'w achub o ydy Bet.
DORA:	Mi adewaist hi yma gydag o.
JOHN:	Do, ar ôl i'r plismon fynd.
DORA:	Oedd hynny'n deg â Bet?
JOHN:	Hi ddaru erfyn.
DORA:	Wrth gwrs. A thithau'n bodloni.

JOHN:	Be arall fedrwn i?
DORA:	Nid tric oedd hynny?
JOHN:	Pa fath dric?
DORA:	Tric i'w chael hi i wneud yr hyn oedd yn ddyletswydd arnon ni. Ei ennill o i'w roi ei hun i fyny i'r plismyn.
JOHN:	Chreda'i ddim y medrai hithau fyth hynny.
DORA:	Ac er hynny, erfyn arni i geisio?
JOHN:	Oedd hynny'n annheg?
DORA:	Mae'n amhosib peidio â bod yn annheg.
JOHN:	Byddai'n enbyd gen i wneud cam â Bet.
DORA:	Mae pawb yn y pentre'n gwybod fod Dewi'n ei chanlyn hi yn y coleg.
JOHN:	Wyddwn i ddim, tan neithiwr.
DORA:	Gweinidog wyt ti.
JOHN:	Ddwedaist tithau ddim.
DORA:	Merch ydw innau, a mam.
JOHN:	Roedd y plismon fel petai o'n disgwyl ei chael hi yma.
DORA:	A'i gael o yma hefyd gyda hi.
JOHN:	Fe fu'n bur agos at hynny.
DORA:	Mae'n siŵr ei fod yntau'n rhyw amau hynny. Mae'r rhwyd yn cau amdanon ni.
JOHN:	Maen nhw'n amau ei fod o yma ond does ganddyn nhw ddim digon o garn. Fy marn i rwan ydy iddyn nhw anfon Jones yma neithiwr i'n dychryn ni rhag ofn inni roi noddfa iddo fo.
DORA:	Maen nhw'n ofni twrw hefyd o chwilio tŷ gweinidog heb achos.
JOHN:	Fedra innau ddim aros yn weinidog ar ôl hyn.
DORA:	Pam hynny?
JOHN:	Unwaith y bydd dyn yn ymhel â'r gyfraith, mae ei gydymdeimlad o'n osio'n naturiol o blaid y troseddwr.
DORA:	Mae'r troseddwr yma'n fab i ti.
JOHN:	Nid arno fo mae'r bai am hynny.
DORA:	Mae'n naturiol inni'n dau geisio'i guddio fo.
JOHN:	Petawn i'n gwybod am un modd yn y byd i'w guddio fo'n ddiogel, mi wnawn hynny rwan.
DORA:	John, rwyt ti'n tyfu'n debycach i Gristion bob dydd. Yn enwedig yn y dillad yna.

JOHN: Ond does dim modd. Mi ddôn yma a gwarant i chwilio'r tŷ.

DORA: Ydy dianc yn amhosib?

JOHN: Mi werthais i'r car i dalu'r cyfreithiwr y tro dwaetha.

DORA: Mae'n dda nad oes gennyn ni gar.

JOHN: Wn i ddim.

DORA: I ble'r âi o?

JOHN: Am ei fywyd.

DORA: Rasio? I ble?

JOHN: Fel Lawrence Arabia.

DORA: ...Na, John, na.

JOHN: Pedwar ugain milltir yr awr ar ffordd gam. Mae'na wefr iawn o ddarfod fel'na.

DORA: Diolch nad oes gennyn ni ddim car.

JOHN: Wyt ti'n gweld pam na fedra i mo'i gondemnio fo? Os ydy'r bachgen yn lleidr ac yn taro dyn yn hanner marw ar y ffordd fawr, rydw innau sy'n dad iddo yn medru dychmygu ei dranc o. Rydw i fy hunan yn llofrudd. Mae o'n deffro pethau yn fy niymwybod i sy'n peri na fedra i ddim edrych arno heb euogrwydd a dychryn.

DORA: Does neb yn gyfrifol am y pethau sy'n gwibio'n sydyn i'r meddwl. Neu putain fyddai pob gwraig briod yn y capel acw.

JOHN: Yn sydyn fel yna y trawodd Dewi'r trafeiliwr. Fel mellten o ddisymwth y daeth y cyfle a'r meddwl. A dyma holl blismyn y deyrnas ar ei drywydd o. A minnau'r llofrudd, a fedrai ei weld o'n gelain yn ei gar ar ochr y ffordd, yn mynd i'r pulpud i bregethu.

DORA: Noson heb gwsg, troi a throsi dan bryder, dyna ydy dy euogrwydd di.

JOHN: Dyna pam, petai siawns o gwbwl iddo fedru dianc, y gwnawn i rwan bob dim i'w helpu.

DORA: Y llw yna ar y Beibl neithiwr, a'r crio mawr......

JOHN: Mi dyngodd nad âi o ddim yn ôl.

DORA: Oedd o'n wir neu'n actio?

JOHN: Mae actio da *yn* wir, ar y funud i'r actor ei hunan.

DORA: Wn i ddim. Ond mi wn fod Dewi'n edrych arno fo'i hunan yn actio, ac yn mwynhau'r peth.

JOHN:	Heb ddim arall i afael ynddo, i gredu ynddo, beth fedr o ond hynny? Rhaid iddo droi ei fywyd yn siou iddo fo'i hunan. Dyna ddamnedigaeth yr artist.

JOHN: Heb ddim arall i afael ynddo, i gredu ynddo, beth fedr o ond hynny? Rhaid iddo droi ei fywyd yn siou iddo fo'i hunan. Dyna ddamnedigaeth yr artist.

DORA: Petai o ond yn stopio'r act mewn pryd, cyn ei ddinistrio'i hun.

JOHN: Does dim amdani ond ymbil arno unwaith eto i ffônio at yr Inspector ei hunan y bore heddiw.

DORA: Ac wedyn, os bydd o'n gwrthod?

JOHN: Gwrthod wnaiff o. Rwyt tithau'n gwybod hynny.

DORA: Ydw...Wedyn?

JOHN: Wn i ddim.

DORA: Wnei di?

JOHN: Ffônio?

DORA: Ie.

JOHN Byddai'r act ar ben wedyn. Mi fyddwn innau'n llofrudd gwirioneddol.

DORA: O'r gore. Mi ffôniaf i. Fi ydy ei fam o. Rhaid i gariad hefyd fentro.

JOHN: Mae o'n debyg o gysgu'n hwyr. Roedd o'n cysgu'n hir ar ôl pob arholiad. Byw ar ei nerfau ac ymlàdd.

DORA: Dos dithau i folchi a siafio. Bydd brecwast yn barod gyda hyn. Wedyn, ffônio...fi neu fo.

(Exit Dora chwith a John ar ei hôl. Seibiant byr. Daw Bet i mewn drwy'r drws canol, edrych y stafell, edrych drwy'r ffenestr, mynd at y teleffôn a symud y rhifau'n gyflym, gwrando);

BET: Stesion yr Heddlu?...Ydy Inspector Evans yna?... Nac'dy? Gymerwch chi neges iddo ar frys?...Barod? ...Mae Dewi Rhys, ddihangodd o'r carchar ddoe, yma yn y mans, yng nghartre ei rieni. Mae o o'i wirfodd yn ei roi ei hun yn nwylo'r plismyn...Mae o'n aros yma amdanoch chi...Does dim rhaid i chi ofni iddo geisio dianc. Ei ddewis o a'i benderfyniad o ei hunan ydy hyn...Pwy sy'n ffônio? Dywedwch mai ei fam o...

(Rhoi'r teleffôn yn ôl yn ei grud. Daw Dora i'r drws chwith wedi dychryn):

DORA: Bet!

BET: Ie, fi sy 'ma, Mrs. Rhys. Gawsoch chi ddychryn? Mae'n ddrwg gen i.

DORA:	Clywed siarad wnes i. Mae popeth yn ddychryn rwan, yn enwedig lleisiau.
BET:	Fi oedd yn ffônio. Maddeuwch imi.
DORA:	Croeso ichi. Ond o ble y daethoch chi mor fore? Pwy agorodd i chi?
BET:	Mi gysgais i yma neithiwr, Mrs. Rhys.
DORA:	Yma? Bet, ydy'ch tad yn—
BET:	Na, mae Tada'n weddol...Dewi ofynnodd imi.
DORA:	Dewi?
BET:	Mi gysgais i efo Dewi.
DORA *(yn eistedd tan ei gofid)*:	Na! ...Na!
	(Seibiant)
BET:	Mae o'n cysgu rwan...yn cysgu fel plentyn...heb ofal nac ofn...Mrs. Rhys?
DORA:	Ie?
	(Seibiant. Dora'n troi i edrych arni)
BET:	Peidiwch â nhroi i allan.
DORA:	Tyrd yma, Bet.
	(Bet yn penlinio wrth ei hymyl; cusanu araf)
BET:	Mi gaf aros?
DORA:	Dwyt ti ddim yn cofio dy fam?
BET:	Pedair oed oeddwn i pan gladdwyd hi. Nain ddaru'n magu ni.
DORA:	Fu gen innau erioed ferch,—tan rwan.
BET:	Neb ond Dewi?
DORA:	Mi gollais i frawd iddo fo.
BET:	Peth perig ydy unig blentyn.
DORA:	Peth perig ydy pob plentyn.
BET:	Peth perig ydy pob cariad.
DORA:	Rwyt ti'n ei garu o?
BET:	Ydw...Yn anobeithiol...Gwaetha'r modd.
DORA:	Heb gyfri'r gost.
BET:	Rhoi be fedra i roi.
DORA:	Rhoi gormod, Bet, rhoi gormod. Oes arnat ti ddim ofn?
BET:	Os medrai i roi gobaith iddo fo, os medra i roi cariad iddo fo?

DORA:	Does dim amdani felly, na help yn y byd...Torri dy galon di wnaiff o.
BET:	Ie...Mi wn.
DORA:	Ac er hynny dy roi dy hun?
BET:	Er mwyn iddo fynd yn ôl.
DORA:	I'r carchar?
BET:	Y bore 'ma. Dechrau gobaith, dechrau derbyn bywyd fel y mae. Rhaid imi fod yma i weld hynny. Ei weld o'n chwerthin.
DORA:	Fo ddaru fynnu iti aros neithiwr?
BET:	Heb hynny roedd o'n gwrthod mynd yn ôl.
DORA:	Dyna'r pris?
BET:	Dyna'r pris. Nid pris chwaith. Cusan bywyd.
DORA:	Pris annheg.
BET:	Ond mae'n dda gen i rwan. Beth bynnag ddigwydd, mae'n dda gen i rwan.
DORA:	Dyna'r cwbwl?
BET:	Rydw i wedi addo ei briodi o.
DORA:	Wedi iddo orffen ei benyd?
BET:	Y bore y daw o allan o'r carchar.
DORA:	Ar yr amod ei fod o'n ffônio at y plismyn heddiw?
BET:	Ar yr amod fy mod i'n cael ffônio'r inspector y bore 'ma. yn ei enw fo.
DORA:	Roedd hynny'n bendant glir?
BET:	Fel llw priodas.
DORA:	Wyt ti'n mynd i ffônio, Bet?
BET:	Rydw i newydd wneud. Maen nhw ar eu ffordd yma, mwy na thebyg, rwan.
DORA (gan godi a chodi Bet mewn braw):	
	Beth?
BET:	Dyna glywsoch chi o'r gegin rwan. Roeddwn i'n ffônio er mwyn iddo fo gael cysgu tan y funud.
DORA:	Bet, fy mechan i, rhaid iti wynebu'r gwaetha.
BET:	Mae o'n barod rwan. Mi roes ei ddwy law yn fy nwy law innau.
DORA:	Neithiwr oedd hynny.
BET:	Mi rois innau fy hun iddo fo'n llwyr.
DORA:	Rwyt ti wedi ennill fy nghariad innau. Fy nghariad a'm diolch. Ond mae arna'i ofn amdanat ti.

BET:	Ydw i wedi ennill ei gariad *o*?
DORA:	Does dim gwobr i gariad. Rwyt ti wedi rhoi iddo fo bopeth y gall o ei dderbyn...Mae o wedi cael ei wefr.
BET:	Ei wefr?
DORA:	Ti.
BET:	Rydach chi'n troi cyllell yn 'y nghalon i.
DORA:	Nid fi, ond Dewi. Cyllell yn y galon ydy pob cariad merch.
BET:	Mi roes o ei air imi, ei air a'i ddwylo.
DORA:	Faddeuiff o fyth iti.
BET:	Am imi ffônio?...Fel y trefn'on ni?
DORA:	Trueni fod yn rhaid iddo ddeffro.
	(*Daw John i mewn yn weinidog trwsiadus*)
JOHN:	Bet! Mor fore â hyn! Newydd drwg?
DORA:	John, mae'r plismyn ar eu ffordd yma o'r dre.
JOHN:	O na!
DORA:	Dod i'w nôl o.
JOHN:	Ydy o'n gwybod?
DORA:	Mae o'n cysgu'n drwm.
JOHN:	O'r nefoedd! ...(*Edrych drwy'r ffenestr*) Deng munud gymeran nhw o'r dre yn y car mawr yna... Tybed nad dweud wrtho sy orau?
DORA:	Mi fyddai hynny'n ei yrru o o'i go heb unrhyw fantais. Gorau po fyrra y bydd y ffarwelio.
JOHN:	Sut y penderfynaist ti mor sydyn alw'r plismyn?... Newid dy feddwl?
BET:	Fi ddaru ffônio at yr inspector, Mr. Rhys.
JOHN (*mewn syndod a braw*):	
	Feiddiwn i ddim. Feiddiwn i ddim er imi wybod mai hynny fyddai'n ei achub o.
BET:	Dyna'r hyn y buoch chi'n ymbil arna'i neithiwr i'w wneud.
JOHN:	Doeddwn i ddim yn ei garu o ddigon...Rydych chi.
DORA:	Rwan o leia mae'na bethau i'w gwneud a'u trefnu iddo fo.
JOHN:	Rhaid cael cyfreithiwr i fynd i'r stesion a bod gydag o tra byddan nhw'n ei holi o.
DORA:	Yr un un ag o'r blaen?

JOHN: Pwy well? Fe ân a fo i Loegr wedyn. Yno y trawodd o'r trafeiliwr.

DORA: Oes siawns iti fedru bod yn rhydd i fynd yno, Bet?

BET: I'r llys?

DORA: Yn lle ei dad a minnau. Mae'n bwysig fod un ohonon ni yno yn gefn iddo fo.

BET: Mae arna'i ofn edrych un diwrnod ymlaen. Mae arna'i ofn pob addewid rwan.

(Mae pob un yn ei dro drwy'r ymddiddan yma yn mynd at y ffenestr i edrych allan, heb fod neb yn medru bod yn llonydd)

JOHN: Bet sy'n iawn. Does dim angen rhuthro.

DORA: Os ydy'r plismyn ar eu ffordd yma, mi fydd rhuthro reit sydyn wedyn.

JOHN: Mae poeni a threfnu i gael help iddo fo—

BET: Mae'n well na sgrechian.

JOHN: Mae'n help i beidio.

DORA: Rydan ni ar bigau'r drain i gyd, pawb ond Dewi, yn moeli'n clustiau am sŵn y car.

BET: Fel pobol yn aros i rywun farw, ac yn clebran.

JOHN: Arglwydd, trugarha wrtho.

DORA: Mi garwn i fynd a brecwast iddo fo cyn iddyn nhw gyrraedd. Ydy hynny'n berig?

JOHN: Mi roddan nhw frecwast iawn iddo fo yn y dre. Y cwestiwn ydy pwy sydd i'w ddeffro fo; ni neu nhw?

DORA: Ni, wrth gwrs...Bet.

JOHN: Unwaith y bydd y plismyn yn y tŷ, nhw fydd yn rheoli yma.

DORA: Â'n nhw ddim i'r llofft heb ganiatâd?

JOHN: Nid dod yma i gydymdeimlo maen nhw.

DORA: Ond ein tŷ ni ydy hwn.

JOHN: Nes iddyn nhw gyrraedd.

DORA: Os felly mi gaiff Bet ei ddeffro fo a mynd â chwpanaid o de iddo fo. Mi fyddai'n ffiaidd greulon gadael i blismon ei ddeffro fo yma yn ei gartre ei hun.

JOHN: Dora bach, paid â cholli arnat dy hun.

DORA: Cwpanaid o de?

JOHN: Fiw inni ei ddeffro fo rwan.

DORA: Ti ddwedodd gynta am ei ddeffro fo.

61

JOHN: Ie, cyn ystyried.
BET *(wrth y ffenestr):*
        Fedra i ddim diodde hyn.
JOHN *(wrth Dora):*
        Rhaid inni beidio â'i ladd o.
DORA: Rydw i am arbed mwy o ddychryn iddo fo na sy raid.
JOHN: Os felly gad iddo gysgu.
DORA: Ond y plismyn?
JOHN: Caiff y plismyn ei ddeffro fo.
DORA: Wrth roi'r cyffion am ei ddwylo!
JOHN: Hynny fydd yn achub ei fywyd o.
BET *(gan droi'n chwyrn o'r ffenestr):*
        Achub ei fywyd o? Does neb yma'n bygwth ei fywyd
        o. Fy nghariad i ydy o. Rydw i newydd godi o'i
        freichiau.
DORA: I alw'r Philistiaid ato.
JOHN: Fo'i hunan sy'n bygwth ei fywyd o.
BET: Fo?
JOHN: Neithiwr, yma.
BET: Mae hynny ar ben rwan. Rydan ni wedi addunedu i'n
        gilydd. Ail gychwyn byw. Bywyd newydd a Chymru
        newydd mewn ffydd a chariad.
JOHN: Neithiwr eto?
BET: Ie, neithiwr.
JOHN: Neithiwr ydy neithiwr i Dewi. Ddoe ydy ddoe. Fydd-
        an nhw ddim yn bod iddo fo heddiw. Iddo fo does dim
        Cymraeg rhwng doe a heddiw.
DORA: Rydan ni fel clwm o lofruddion yn darpar ei frad o.
BET: Rydach chi'n rhoi'r bai arna i. Am imi ffônio. Roedd
        yn rhaid imi. Dyna'r cytundeb, dyna'r amod. O, be
        wna i?
DORA: Roeddwn innau'n mynd i ffônio'r bore 'ma.
JOHN: Rydan ni i gyd ar fai, pawb. Hyd yn oed Dewi.
BET: Neithiwr mi ddaru ni drefnu'r dyfodol. Trefnu i
        briodi.
JOHN: Does wybod be drefnwn ni heddiw.
BET: Eich mab chi ydy o.
JOHN: Fedra i ddim marw yn ei le o.
DORA: John, taw. Rwyt ti'n deud pethau peryglus.

BET:	Rydach chi'n poeri ar fy nghariad i. Rydach chi'n lladd Dewi yn fy nghalon i.
JOHN:	Dyna wnawn i pe medrwn i. Dyna 'nyletswydd i. Cyn iddo fo ddeffro.
BET:	Mi af i i'w ddeffro fo rwan.
JOHN:	Pam rwan?
BET:	I brofi fy ffydd i ynddo.
JOHN:	Cyn galw'r plismyn oedd yr adeg i'w ddeffro fo.
BET:	Mi wn i hynny. Feiddiais i ddim. Mi feiddiaf rwan.

(Mae hi'n cychwyn)

DORA *(wrth y ffenestr):*
Dyma nhw! Mae'r car yma.

BET:	Dewi!...O Dewi!
DORA:	Pedwar. Yr Inspector gyda'r gyrrwr, a dau yn y cefn. Maen nhw yma.
BET:	O leia mi gafodd o neithiwr.
JOHN:	Mae lle i dri yn y cefn.
DORA:	A'i ddwylo'n rhwym rhyngddyn nhw. O am gael ei weld o'n mynd.

(Curo trwm ar ddrws y tŷ. John yn mynd drwy'r drws canol a'i adael yn llydan agored. Y ddwy ferch yn sefyll ar y dde.

DORA:	Bet.
BET:	Ie?
DORA:	Beth bynnag ddigwydd rwan, cadw dy hunan-barch. Heb hynny mae cariad yn ofer.

(Daw Evans at y drws a galw yn ôl)

EVANS:	Paul, drws y cefn...Huws, fan'na, drws y ffrynt...
	(Daw Evans i mewn a Jones ar ei ôl; wedyn John ...Bore da, Ma'am. Wel, Mr. Rhys fe ddaeth y neges. Roedden ni'n ei disgwyl hi. Diolch i chi am beidio â cholli llawer iawn o amser...Lle mae o?
JOHN:	Yn ei wely'n cysgu.
EVANS:	Rhaid inni ei ddeffro fo.
DORA:	Nid chi, Mr. Evans, ond fi.
EVANS:	Nid yn ei gartre y mae o, Ma'am, ond ar ffo o'i le priodol. Mae'n ddyletswydd arnon ni ei gael o'n ôl yno heb oedi.

JOHN: Inspector, fo ei hunan ofynnodd inni'ch galw chi yma. Fe eglurodd inni y storom nerfau a wnaeth iddo ddianc. Mae o'n ei roi ei hun yn ôl yn eich dwylo chi o'i wirfodd, reit fuan ar ôl cyrraedd ei gartre. Rydw i'n meddwl fod cofio ac ystyried hyn oll yn rheswm digonol dros wrando ar ble ei fam.

EVANS: Mr. Rhys, nid carcharor ar ffo mo'r llanc. Ond carcharor ar ffo sy hefyd wedi lladrata car ac arian, ac ymosod ar ddyn diniwed a'i hanner lladd.

DORA: Sut mae'r trafeiliwr, Mr. Evans?

EVANS: Y newydd neithiwr oedd ei fod o'n dod trosti.

DORA: Nid hanner lladd felly?

EVANS: Niwed reit dost.

JOHN: Mae hynny'n boen ac yn dristwch enbyd i ni.

DORA: Cyn imi fynd i'w alw fo, a gaf i ofyn un peth i chi, Mr. Evans?

EVANS: Unrhyw beth posib, Ma'am, unrhyw beth posib.

DORA: Gan mai fo'i hunan sy'n ei roi ei hun i'ch dwylo chi, fedrwch chi fynd a fo heb imi orfod gweld ei freichiau fo yn y cyffion?

EVANS: Popeth yn dda, Mrs. Rhys, os daw o'n ufudd. Dydy o ddim yn debyg o daro pedwar ohonon ni i'r llawr.Mi gaiff eistedd rhwng y ddau gwnstabl yng nghefn y car fel petai o'n mynd i'w briodas. Rhywbeth arall?

DORA: Dim arall. Mi af ato rwan.

(Ond y mae'r drws canol yn agor a Dewi mewn gŵn llofft uwchben ei siwt wely yn sefyll, edrych ar y cwmni a chwerthin yn braf)

DEWI: Wel! Wel! Pwy fasai'n meddwl! Yn nhŷ'r gweinidog! ... *(canu ac ystum arwain canu)* "Dyma gyfarfod hyfryd iawn...". Dowch ymlaen, Jones, unwch yn yr emyn.

(Y mae Jones yn tynnu'r cyffion o'i boced ond Evans yn codi llaw i'w atal)

EVANS: Wyt ti'n dod gyda ni'n dawel, Dewi Rhys?

DEWI: Mi ddois i lawr yn unswydd i roi croeso i chi, Inspector. Mi glywais y curo mawr ar ddrws y tŷ. Does neb ond plismyn a gwragedd y sipsiwn yn curo fel yna. Felly mi wyddwn mai fy hen ffrindiau i oedd wedi cyrraedd. Rhaid bod yn groesawgar, meddwn innau, cadw enw da'r mans, a dyma fi i lawr i'ch cyfarch... Hawddamor, y fflics!

EVANS: Os doi di ar unwaith heb driciau, rydw i wedi addo i'th fam y cei di gerdded i'r car a'th ddwylo'n rhydd.

DEWI: Ar unwaith?

EVANS: Ie, ar unwaith.

DEWI: Heb fath, heb siafio, heb wisgo, heb frecwast? Inspector bach, fedrwch chi ddim gwneud pethau fel yna yn nhŷ gweinidog.

EVANS: Mi rown ni frecwast iti yn y stesion. Lle mae dillad y carchar?

DEWI: Yn y wardrob orau gyda siwt bregethu fy nhad. Adar o'r un lliw, wyddoch chi.

EVANS: Mae gennyn ni siars newydd yn dy erbyn di. Mi wyddost hynny?

DEWI: O ddifri?

EVANS: Mi gei di farnu hynny yn y stesion.

DEWI: Wyddoch chi, Dad, y peth od efo'r plismyn yma ydy nad ydyn nhw fyth yn tyfu i fyny. Maen nhw'n mynd ymlaen gyda'u chwarae plant hyd at y funud ola.

EVANS: Mi ro i bedwar munud iti i wisgo. Os na fyddi di yma ymhen hynny mi ddaw Cwnstabl Jones i'th nôl di.

DEWI: Diolch i chi, gyfaill. Ond cyn imi fynd a ga i ofyn cwestiwn neu ddau i nheulu i yma a Miss Edward sy gyda nhw?

EVANS: Brysia.

DEWI: Mi af yn syth at y pwynt...Pwy ydy'r sarff ddaru mradychu i?

DORA: Ti sy'n bradychu, Dewi. Fi ddaru alw'r Inspector.

DEWI: Fy annwyl fam! I brofi'ch cariad, mae'n debyg?

DORA: I'th arbed di.

DEWI: Wel, mae'n fymryn o gysur nad *hi* ddaru wneud.

BET: Dewi!

DEWI: Llais! Llais o'r gorffennol!

BET: Fel yna rwyt ti'n cadw adduned?

DEWI: Adduned?

BET: Neithiwr.

65

DEWI: Neithiwr?...Pa bryd oedd neithiwr?...Ah! Mi wela i! *Ti* ddaru alw'r plismyn?

BET: Ie. Fi.

DEWI: A Mam fel arfer heb wybod gwahaniaeth rhwng gwir ac anwir, gyda'i chelwydd i arbed poen.

BET: Me fedrwn i dy ladd di am ddweud hyn'na.

DEWI: Rwyt ti wedi fy lladd i eisoes... *(Ystum tuag at y plismyn)* Dyma'r cynhebrwng. Dy gymwynas ola di.

BET: Does dim yn gysegredig gen'ti?

DEWI: Cysegredig? Be' mae hynny'n ei feddwl?

BET *(yn araf):*

Rhywbeth sydd ar goll rwan am byth.

DEWI *(yn ddirmygus dawel):*

Go dda, 'merch i Rwyt ti'n taro'r gwaelod o'r diwedd. Tad, mam, gwlad, iaith, cariad, dyna dy shibolethau di, yntê? Clebar ydy'r cwbwl. A thithau a'th fradychu bach sneclyd, a'th sleifio o'r gwely i alw'r plismyn cyn imi ddeffro a'th rwystro di, er mwyn iti gael y wefr o'm hachub i a chael rhamant o briodas wrth borth y carchar, —roeddet ti'n dy weld dy hun fel angel o waredwr, on'd oeddet? Wyddost ti, does dim blewyn o ystyr i'th fod di. Dim ond hunan-dwyll a blys y cnawd yn cogio aberthu. Damwain wyt ti, damwain yn arwain i ddamwain. Does ond un peth yn aros yn ddi-ddamwain. Felly dos i'th grogi, yr hunlle!

(Exit Dewi ac i fyny'r grisiau)

EVANS: Cadw'r drws yma'n agored, Jones, a chadw d'olwg ar y grisiau. Mi rown ni bedwar munud union iddo fo. Prun ydy ei stafell o, Mrs. Rhys?

DORA: Yr ail ar y chwith.

EVANS: Fyddwch chi'n barod i ateb cwestiwn neu ddau, Mr. Rhys?

JOHN: Rwan?

EVANS: Y funud yma.

JOHN: Os medra i.

EVANS: Pa bryd y cyrhaeddodd o yma?

JOHN: Neithiwr.

EVANS: A'r awr?

JOHN: Tua hanner awr wedi saith.

EVANS: Pwy agorodd iddo fo?

JOHN: Neb. Roedd y ffenest acw ar agor. Cyn mynd i'n gwlâu yn unig y byddwn ni'n ei chloi hi. Mae yntau'n gwybod hynny. Felly y daeth o i mewn.

EVANS: Roedd o yma yn y tŷ pan alwodd y cwnstabl tuag wyth ar gloch?

JOHN: Oedd.

EVANS: A chithau'n gwybod hynny?

JOHN: Na wyddwn i. Ond petasiwn i'n gwybod, fuaswn i ddim yn ateb yn wahanol ar y pryd.

EVANS: Waeth befo am y petasai. Daeth y Cwnstabl yma eto tua'r un-ar-ddeg?

JOHN: Do.

EVANS: A chithau'n gwybod erbyn hynny ei fod o yn y tŷ?

JOHN: Roedden ni wedi siarad yn hir am y sefyllfa, fo a finnau.

EVANS: Er i chi addo galw'r heddlu drwy'r teleffôn y funud y gwelech chi o?

JOHN: Yn union felly. Er gwaetha'r addewid.

EVANS: Fe eglurodd y Cwnstabl i chi'r perigl o safbwynt y gyfraith?

JOHN: Fe wnaeth Mr. Jones ei ddyletswydd.

EVANS: Ddywetsoch chi ddim gair wrtho fod y llanc yn y tŷ?

JOHN: Dim gair.

EVANS: Pam?

JOHN: Am fy mod i wedi addo i Dewi y câi o noson o gysgu yma yn ei gartre cyn ei roi ei hun i'r plismyn yn y bore.

EVANS: Noson o gysgu?

JOHN: Ar ôl diwrnod go gythryblus.

EVANS: Gafodd o noson o gysgu, Miss Edward?

BET: Gofyn i mi yr ydych chi?

EVANS: Ie.

BET: Mae fy nhad yn nabod y Prif Gwnstabl yn dda, ac fe gaiff o glywed am eich cwestiwn chi a'r enllib sydd ynddo.

EVANS: Rydw i'n awgrymu i chi ddod yma ato fo neithiwr tua deg o'r gloch a'i gadw ar ei draed yn bur hwyr.

BET: Mi gaiff y Prif Gwnstabl a chyfreithiwr 'y nhad farnu ystyr eich cwestiwn chi.

EVANS *(wedi digio):*
Roeddech chi yma gydag o pan alwodd y Cwnstabl neithiwr. Ydy hynny ddim yn wir?

BET: Wedi dod o hyd i gap arall yr ydych chi, Inspector?

JONES: Pedwar munud ar ben, syr.

EVANS *(yn gynddeiriog):*
Dos ato. Yr ail ddrws ar y chwith. A thyrd â'r cenau drwg i lawr gyda thi fel y mae o, yn y cyffion os rhaid. *(Jones yn rhedeg i fyny'r grisiau ac Evans yn sefyll yn y drws i'w wylio. Clywir curo a chicio'r drws a llais Jones)*

JONES: Mae'r drws wedi ei gloi.

EVANS: Wedi ei gloi?
(Rhed Evans i fyny. Clywir torri'r drws i mewn, yna rhed Evans i lawr at ddrws y parlwr)

EVANS: Mae'r llofft yn wag. Ble all o fod?

JOHN: Yr atic. Mae ffenest yno'n agor ar y to. Dowch! *(Rhed John ac Evans i fyny. John yn gweiddi "Dewi! Dewi!" Ymddengys dau gwnstabl y tu allan drwy'r ffenestr, gan weiddi ac edrych i fyny. Mae Dora'n agor y ffenestr i bwyso allan. Bet ar ochr dde'r ffenestr. Rhed John allan a gweiddi drwy'r ffenestr)*

JOHN: Mae o ar y to! Ar ymyl y to! Heb wisgo!
(Rhed Dora allan. Mae pawb allan ond Bet ac yn gweiddi)

PAWB: Dewi, paid! ...Paid fachgen! ...Dos yn ôl!
(Gwaedd gyffredin, a syrth cysgod corff y llanc ar draws y ffenestr. Distawrwydd am eiliad, wedyn symud prysur. Daw'r Inspector i mewn a theleffonio. Daw Dora i mewn ac ar ei hôl hi ddau gwnstabl yn cario corff Dewi)

DORA: Mae o wedi cael ei wefr ola.

LLEN.